DIE SCHÖNSTEN REZEPTE *aus der* GRIECHISCHEN INSELWELT

SUSIE JACOBS

Spezialfotografie:
Linda Burgess

DuMont Buchverlag Köln

FÜR MEINE MUTTER IN ERINNERUNG AN IHRE MUTTER

Die Deutsche Bibliothek – CIP-Einheitsaufnahme

Die schönsten Rezepte aus der griechischen Inselwelt /
Susie Jacobs. Spezialfotogr.: Linda Burgess.
[Aus dem Engl. von Ulrike Wasel und Klaus Timmermann]. –
Köln: DuMont, 1992
Einheitssacht.: Recipes from a Greek Island ‹dt.›
ISBN 3-7701-2836-2
NE: Jacobs, Susie; Burgess, Linda; EST

Titel der Originalausgabe: Recipes from a Greek Island
Aus dem Englischen von Ulrike Wasel und Klaus Timmermann

Farbillustrationen: Barbara Mullarney Wright
Vignetten: Sarah Venus

Satz: Fotosatz Froitzheim, Bonn
Printed in Hong Kong

ISBN 3-7701-2836-2

INHALT

VORWORT

Dieses Buch ist das Ergebnis meines 15jährigen Aufenthalts auf einer griechischen Insel und der Begegnung mit der einheimischen Kochtradition. Während ich dies schreibe, blicke ich zum Fenster hinaus, vorbei an dem Winterjasmin, der sich an der Pergola emporrankt, und hinüber zu dem Berghang in der Ferne. Die Sonne wirft Muster auf eine kleine Herde Schafe, die unter Bäumen grasen. Es gibt keine störenden Autogeräusche – Transporte erledigt man hier ausschließlich zu Fuß oder mit dem Esel. Moderne Kommunikationsmittel und Unterhaltungsmöglichkeiten gibt es kaum.

Wir lesen den *Herald Tribune* mit einem Tag Verzögerung – das reicht aus, um uns über die wichtigen Ereignisse auf dem laufenden zu halten, und ist nicht so viel, daß wir uns den Kopf mit überflüssigen Pseudonachrichten belasten müssen. Für aktuellere Nachrichten haben wir immer noch das Radio.

Während der Sommermonate wechselt das Programm in dem kleinen Freilichtkino jeden Abend. Auf der Mauer, die als Leinwand dient, huschen ständig irgendwelche Katzen hin und her, ohne sich von den gespenstisch bewegten Bildern unter ihnen stören zu lassen. Im Laufe des Sommers wachsen die Geranien immer höher an der Leinwand hinauf. Dann verstummt das Kino wieder für ein Jahr. Die Katzen aber kommen und gehen wie gewohnt, die Geranien wachsen weiter.

Glücklicherweise besuchen uns zu jeder Jahreszeit viele Freunde, wir gehen schwimmen, machen lange Spaziergänge und essen gemütlich in geselliger Runde – und dann gibt es immer noch Bücher und Musik. Wir wohnen in einem zweihundert Jahre alten Haus, das anspruchsvoller ist als ein eifersüchtiger Liebhaber. Es bedarf einer uneingeschränkten Hingabe und übermäßig viel Zeit, nur um einen behaglichen Zustand sanften Verfalls aufrechtzuerhalten. Nach und nach pflanzen wir immer mehr Bäume, erweitern den Garten und bereichern die etwas bunt zusammengewürfelte Menagerie mit noch mehr Tieren. Ein funktionierender kleiner Bauernhof steht auf meiner ›Liste mit den Dingen, die ich noch machen will, wenn ich lange genug lebe‹, außerdem die Herstellung von Wein und Branntwein, das Pressen von eigenen Oliven und so weiter, *ad infinitum* . . .

Wen es auf diese Insel verschlägt, der ist auf sich selbst zurückgeworfen und muß aus den einfachen Mitteln, die ihm zur Verfügung stehen und die er in sich trägt, Leben und Nahrung schöpfen. In der schönen, felsigen, fast bedrohlichen Landschaft wachsen Oliven, Mandeln, Feigen, Johannisbrot, Kapern – unzählige Wildpflanzen; hier leben Ziegen und Schafe; in unseren durstigen, sonnenüberfluteten Gärten gedeihen Obst und Gemüse in Hülle und Fülle – Zitronen und Orangen, Trauben und Japanische Mispeln, Artischocken und Knoblauch, Paprika und Zucchini, Tomaten und Auberginen. Im Meer ringsherum wimmelt es zwar nicht mehr von Fischen, doch es reicht noch immer, um uns mit einer stattlichen Auswahl an Meeresfrüchten zu versorgen – unter anderem: Langusten, Tintenfische, Kalmare, Seebarben, Seenadeln, Barsche, Brassen, verschiedene Aale, Seeigel und gelegentlich ein Thunfisch, Hai oder Seehecht.

Über die enge Meeresstraße, die Hydra vom Peloponnes trennt, kommen einheimische Händler mit ihren *caïques* voller frischer Produkte, feinstem Grießmehl, im Dorf zubereiteten Würsten und Joghurt, hochwertigem Rindfleisch und frisch gepreßtem Olivenöl. Und über das Meer und per Flugzeug kommen Freunde und bringen frischen Ingwer, Eau de vie, Vanilleschoten, chinesisches Sesamöl, indischen Reis, thailändisches Zitronellgras und Galgant, russischen Kaviar, Schweizer Morcheln und amerikanischen Ahornsirup mit. Es ist so, als ob all die alten Gewürzstraßen direkt zu unserem Haus führten.

In einer Zeit, in der die menschliche Wahrnehmung der Landschaft angesichts einer immer dicker werdenden Betonschicht und einer sich weiter ausbreitenden Technologie immer stärker im kollektiven Unbewußten versinkt, entfaltet sich diese Insel, die von fern wie ein aus dem Meer aufragender verlassener grauer Fels aussieht, in ihrer ganzen Schönheit und bietet uns ein Leben voller einfacher Freuden und bizarrem Charme. Ich wünschte, Sie könnten die winzigen wilden Alpenveilchen sehen, die ihre rosa Blüten durch Kalksteinritzen zwängen, Sie könnten die blühenden Zitronenbäume im Frühling riechen. Das sind die Sehenswürdigkeiten und Gerüche Griechenlands.

Ich möchte Sie mit einigen der Rezepte vertraut machen, für die diese reiche Landschaft Anregung war, und ich hoffe, daß sie eine Ahnung von der Gegend und dem Klima vermitteln und daß sie das Bewußtsein der Griechen für Nahrungsmittel, Speisen und gesunde Ernährung widerspiegeln. Plutarch war der Ansicht, daß Fleisch nicht Hauptbestandteil der Ernährung sein sollte. Er sagte, wir sollten »andere Nahrung essen, die eher im Einklang mit der Natur steht und den Verstand nicht so

Ausbessern von Netzen *Fischer flicken ihre Netze in der Nachmittagssonne.*

sehr abstumpfen läßt, was durch einfache und leichte Bestandteile gefördert wird . . . Denn die Erde bringt im Überfluß viele Dinge hervor, die nicht nur der Ernährung dienen, sondern auch dem Wohlbefinden und dem Genuß«. Einige der Rezepte in diesem Buch habe ich von Freundinnen und Nachbarinnen übernommen. Einige haben mir Menschen vermittelt, die sich daran erinnerten, wie ihre Mütter und Großmütter kochten. Sie haben eine sehr viel längere Tradition als die meisten lieblos zubereiteten Gerichte, die man heutzutage in Touristentavernen serviert bekommt.

Ich bin keine Wissenschaftlerin, aber über Ernährung lese ich alles, von Homer und Hesiod bis hin zu den Rezepten, die auf Verpackungen abgedruckt sind. All diese Informationen speichere ich in meinem Kopf, bis sie als Rezepte wieder an die Oberfläche dringen. Ich halte mich nicht sehr eng an konventionelle Methoden. Ob es sich ursprünglich um eine indische *tarka* oder eine ägyptische *takla*, eine russische *pirozhka* oder eine griechische *pítta* gehandelt hat, das Ergebnis ist vielleicht ein Zwischending, aber nichtsdestoweniger ein interessantes und leckeres Gericht. Meine wahllose Forschungsarbeit hat mir klar gemacht, daß es eine kulinarische Seidenstraße gibt, die in historischer und anthropologischer Hinsicht noch immer nicht gänzlich erforscht worden ist. Ich glaube nicht, daß auch nur eines der Rezepte in diesem Buch von dem Weg abweicht, der um das Mittelmeer herumführt.

Ich hoffe, ich kann Ihnen vermitteln, was für eine große Freude es mir bereitet, die 365 Steinstufen hinabzugehen, die in Windungen zum Hafen führen; dort sehe ich mir an, was die Fischer am Morgen gefangen haben; genausoviel Freude macht es mir, über den Straßenmarkt zu schlendern, die Düfte zu riechen und danach Ausschau zu halten, an welchen Ständen die frischesten Produkte angeboten werden, nachmittags auf den Berg zu steigen und wildes Blattgemüse zu pflücken, einem Gericht einen Hauch Poesie von der alten Gewürzstraße zu verleihen, eine frische und unverfälschte Mahlzeit zu servieren und sie gemeinsam mit Freunden und meiner Familie einzunehmen.

AUS EINER GRIECHISCHEN SPEISEKAMMER

MANDELN UND WALNÜSSE

Ursprünglich kommen *amýgthala* und *karíthia* wahrscheinlich aus Kleinasien, aber sie sind bereits seit so langer Zeit in Griechenland beheimatet, daß schon die Römer die Mandel ›Griechische Nuß‹ nannten und die Perser denselben Ausdruck für die Walnuß gebrauchten.

Eine Liste ihrer Verwendungsmöglichkeiten wäre ebenso lang wie ihre Geschichte als Nutzpflanze. Sie finden sich in fast allen Süßspeisen und sind nicht selten in pikanten Vor- und Nachspeisen, wie in *scorthaliá*, der berühmten Mandel-Knoblauch-Sauce (s. Seite 79) enthalten. Im Norden des Landes wird ein kräftiger Eintopf mit Walnüssen zubereitet.

Achten Sie darauf, wo und wie Sie Nüsse kaufen und lagern, denn eine einzige ranzige Nuß kann ein ganzes Gericht verderben. Kaufen Sie in Geschäften, in denen die Nüsse nicht zu lange lagern, und bewahren Sie sie im Kühl- oder Gefrierschrank auf, falls Sie sie nicht sofort verwenden.

FEIGEN

Athenäus berichtet uns aus dem 3. Jahrhundert, daß der König von Indien, Bindusara, bei den Griechen Feigen, sýka, Traubenmostsirup und einen Philosophen bestellte. Die Waren wurden pünktlich geliefert, aber man teilte ihm mit, daß der Handel mit Philosophen illegal sei. Da es über 600 Feigensorten gibt, überlasse ich Ihnen selbst die Auswahl unter den angebotenen. Die Früchte sollten fest sein, weder zu hart noch zu weich, und duften.

BASILIKUM

Vasilikós, Basilikum, bedeutet königlich, und Basilikum wurde in alten Bräuchen mit Liebe und Tod in Verbindung gebracht. Die Griechen der klassischen und byzantinischen Zeit hatten eine Vorliebe dafür, doch heute schmücken üppige Blumentöpfe mit Basilikum die griechischen Fensterbretter hauptsächlich, um Fliegen und Mücken fernzuhalten. Ich bezweifle, daß es wirkt. Einige Leute glauben, man könnte getrocknetes Basilikum wieder frisch machen, indem man es in heißes Wasser taucht. Ich würde zu diesem Mittel nur aus purer Verzweiflung greifen.

LORBEERBLÄTTER

Die siegreichen Athleten der alten Olympischen Spiele wurden mit *tháphne*-Kränzen gekrönt, und es ist durchaus denkbar, daß die Pythia des Orakels von Delphi über dem Rauch von schwelenden *tháphne*-Blättern saß, bevor sie ihre Weissagungen sprach. Auch in der Küche wird Lorbeer hoch geschätzt.

Elizabeth David rät, getrocknete Lorbeerblätter zu zerkleinern, damit sich das Aroma besser entfalten kann. Pflanzen Sie, falls Sie über einen geeigneten Standort verfügen, einen Lorbeerbaum; er ist nicht nur nützlich, sondern auch dekorativ.

BOHNEN UND GETROCKNETE ERBSEN

Óspria umfaßt alle Bohnen, Erbsen, Linsen, Kichererbsen und Saubohnen, und in Griechenland erfreut man sich einer großen Auswahl; besonders beliebt sind *fasolákia*, weiße Bohnen. Die kleinen Gartenbohnen werden oft für Salate verwandt, die mittelgroßen *cannelini* in der berühmten *fasoláda*-Suppe, und *gigantes*, Wachs- oder Limabohnen, werden in herzhaften Eintöpfen mit vielen Zwiebeln, Tomaten und Kräutern verarbeitet. Die grünen oder braunen Linsen gibt es in zwei Größen, extra fein und fein, und beide Sorten werden zu rosa Linsen, wenn sie geschält und halbiert werden. Mit Kichererbsen werden Suppen zubereitet; man vermengt sie mit Reis und anderen Körnern und erhält so eine der wichtigsten Mahlzeiten während der Fastenzeit. Gelbe halbe Erbsen werden häufig zu Dips weiterverarbeitet.

Saubohnen, *koukía*, tragen die lateinische Bezeichnung *Vicia faba maior. Faba* sollte nicht mit den griechischen *fáva* verwechselt werden, womit gelbe halbe Erbsen gemeint sind. Pythagoras untersagte seinen Anhängern ihren Verzehr, da er glaubte, sie enthielten die Seelen der Verstorbenen; heute jedoch sind sie im Mittelmeerraum und in Nordafrika eines der Hauptnahrungsmittel. Man ißt sie im Frühling frisch und findet sie getrocknet in allen Lebensmittelgeschäften des Nahen Ostens.

Wenn es um *óspria* geht, sind sich alle Griechen in einem Punkt einig – sie müssen in Regenwasser gekocht werden. Da heutzutage die wenigsten von uns Zisternen haben, um Regenwasser aufzufangen, müssen wir uns mit weichem Leitungswasser begnügen. Selbst wenn man die Bohnen bis in alle Ewigkeiten kocht, sie werden nicht weich, wenn man dazu hartes Leitungswasser nimmt oder sie salzt, bevor sie gar sind. Wenn das Leitungswasser hart ist, sollte man entweder abgefülltes Wasser aus der Flasche verwenden oder eine Prise Natron in das kochende Wasser geben. Natürlich lassen sich alle Hülsenfrüchte auch vorher in Wasser einweichen – das verringert die Kochzeit.

BITTERORANGE

Die Bitterorange oder Sevillaorange, *nerántzia*, ist wahrscheinlich die Ahnherrin der süßen Orangen, die alle aus China stammen und erst nach dem Beginn der christlichen Zeitrechnung in den Mittelmeerraum gelangten. Sie ist keine Speiseorange, aber sie verleiht vielen Gerichten ein blumig-herbes Aroma – und der Orangenmarmelade ihren charakteristischen Geschmack. Wenn man sie nicht bekommt, kann man eine halbe Zitrone und eine halbe Orange verwenden oder jeweils ein Drittel davon mit Pampelmuse.

ZWIEBACK

Wenn Sie nur gutes und frisches Brot servieren, können Sie mit den Resten folgendes tun: Sie schneiden sie einfach in nicht zu dünne Scheiben und backen sie 45–60 Minuten lang im Backofen bei 130° C, bis die gesamte Feuchtigkeit verdampft, aber der Zwieback noch nicht hart ist. Wenn die Scheiben sich leicht eindrücken lassen, werden sie beim Abkühlen hart. Sie werden feststellen, daß es sich dabei um eine Köstlichkeit handelt, auf die man nicht mehr verzichten möchte.

In Griechenland werden diese *Paximáthia* aus Landbrot mit Anis- und Koriandersamen gemacht. Sie gehören zu den griechischen Hauptnahrungsmitteln und sind unbegrenzt haltbar. Man stippt sie normalerweise in Tee und Kaffee, verarbeitet sie zu Paniermehl, oder man reicht sie bei der Totenwache.

KAPERN

Kapern, *kápari*, sind die eingelegten Blütenknospen eines Strauches, der im Mittelmeerraum und in Nordafrika beheimatet ist und der – nebenbei bemerkt – aus den Steinwänden unseres Hauses wächst und sie zum Einsturz zu bringen droht. Wir legen sie mit besonderer Vorliebe ein, und zwar sowohl die Knospen als auch die jungen Blätter, die im oder als Salat eine Delikatesse sind. Die meisten Supermärkte haben Kapern in ihrem Angebot.

SELLERIE

Der sogenannte italienische Sellerie, *sélino*, der in Griechenland verwendet wird, sieht eher aus wie Petersilie mit großen glatten Blättern und ist die wilde Variante eines Gemüses, das heute wegen seiner Stiele angebaut wird. Er wird nicht roh gegessen, sondern in vielen griechischen Speisen als Würzkraut verwandt. Er ist pikanter und schmackhafter als die Kulturpflanze, deren schlanke Spitzen und Blätter den besten Ersatz darstellen. Auch sie wird in Griechenland angebaut und gedeiht gut. Ebenfalls ein guter Ersatz ist Liebstöckel.

KÄSE

Als ich zum erstenmal nach Griechenland kam, war ich von den Käsesorten nicht begeistert. Sie schienen recht durchschnittlich, und obwohl ihr Geschmack, ihre Beschaffenheit und Qualität schwankten, schmeckten sie doch stets nach der Milch von Ziege oder Schaf und somit nach den wilden Plätzen, an denen diese gegrast hatten.

Im Laufe der Jahre jedoch habe ich die Eigenschaften gerade dieser Käse schätzen gelernt. Während anderswo durch die Massenproduktion aus dem einst echten Käse ein geschmackloses Gummi geworden ist, bleibt der griechische Käse unverändert gut, hergestellt nach den alten, schwer zu bestimmenden, aber unverfälschten Verfahren. Viele der besten Käsesorten sind außerhalb ihrer Herkunftsdörfer nicht zu bekommen, doch im folgenden seien einige der wichtigsten genannt.

Es ist unsinnig, ein Stück *féta* zu verlangen, denn es bedeutet im Griechischen im wörtlichen Sinne ›ein Stück‹. Ein Korb Brot, ein Teller Oliven und ein Stück von einem ›Stück‹ ist wohl der häufigste kulinarische Anblick in Griechenland.

Féta wird ausschließlich aus Schafs- oder Ziegenmilch hergestellt – ein frischer Weißkäse, der weich, mittelhart oder hart sein kann, wenn er verkauft wird. Er wird eingelegt, d. h. in einer Lake mariniert, die so salzig ist, daß jegliches Reifen oder Altern gestoppt wird. Wenn er zu salzig geraten ist (was bei importiertem, handelsüblichem *féta* häufig der Fall ist), sollte man ihn 24 Stunden lang in kaltes Wasser legen. So kann er bis zu 10 Tagen gelagert werden, und wenn er dann wieder Salz benötigt, kann man es erneut zugeben.

Graviéra ist eine griechische Variante des Gruyère, hergestellt aus Schafsmilch auf etwa die gleiche Art wie letzterer, doch hier hört die Ähnlichkeit auch schon auf. Der einfache und traditionsreiche Käse paßt gut zu Obst.

Kasséri wird nach einem ähnlichen Verfahren wie Cheddarkäse aus Ziegenmilch hergestellt; er ist von weicher Beschaffenheit und hat einen milden Geschmack. Er schmeckt gut, entweder so, wie er ist, oder gebraten als *Saganáki*. Man bestäube eine 1 cm dicke Scheibe auf beiden Seiten mit Mehl, brate sie in heißem Olivenöl und serviere sie mit reichlich frisch gepreßtem Zitronensaft.

Kefalotýri oder *kefalograviéra* ist ein harter Käse aus Ziegenmilch, der normalerweise gerieben wird. Im schlimmsten Fall hat er einen salzig-seifigen Beigeschmack, im besten Fall ähnelt er dem deftigen sardinischen *Sardo*. Mit Basilikum zerstampft, ergibt er ein wunderbares *Pesto*.

Manoúri oder *anthotýri* sind zwei cremige Käsesorten aus Schafsmilch, die man zur Herstellung von Käsekuchen verwendet oder mit Obst oder Honig serviert. Wenn sie jedoch gesalzen sind, ißt man sie entweder pur, angerichtet wie *féta*, oder man verwendet sie zum Kochen. Sie sollten sie bei Gelegenheit probieren!

Mizíthra ist ein Quarkkäse, dem italienischen Ricotta verwandt. Frisch und ungesalzen verwendet man ihn in dem Käsekuchen *Siphnópitta* (s. Seite 128). Die qualitativ besten Sorten schmecken ausgezeichnet mit ein wenig Honig beträufelt. Sie werden jedoch auch gesalzen, getrocknet, zur Lagerung mit Wachs umhüllt und schließlich zum Reiben verwandt. Getrockneten *mizíthra* kann man in Wasser einlegen, doch wird er seine ursprüngliche Frische nie wieder erreichen. Er ist ein Käse mit niedrigem Fettgehalt, dessen Entdeckung sich lohnt.

ZIMT UND NELKEN

Neben Pfeffer und Muskat gehören *kanélla* und *garíphalla* zu den gebräuchlichsten ›arabischen Gewürzen‹, so genannt, weil der Handel jahrhundertelang von den Arabern beherrscht wurde; vor etwa 2500 Jahren schrieb Herodot über menschenfressende Vögel in Nestern aus Zimtrinde.

Es gab eine Zeit, da diese Gewürze unerschwinglich waren. Heute findet man selbst in der entlegensten Schäferhütte eine Zimtstange.

Ich empfehle jedem, seine Gewürze selbst zu mahlen. Eine elektrische Kaffeemühle ist dazu recht gut geeignet: Geben Sie vorher etwas Reis hinein, um die Rückstände des zuletzt gemahlenen Gewürzes zu beseitigen.

KAFFEE

Als ich die Inseln zum erstenmal besuchte, wurde mir erzählt, daß die Griechen in Sachen Kaffee große Feinschmecker seien und daß einige sogar sagen könnten, aus welcher Quelle das Wasser in einem Glas stamme. Den Mund voll mit bitterem Kaffeesatz, fragte ich mich, was sie an ihrem Kaffee so begeisterte. Bis ich nach dem Glas Wasser griff, das stets dazu gereicht wird: Da wurde mir klar, daß er den Geschmack des Wassers verbesserte. Seitdem habe ich gelernt zu warten, bis sich der Kaffee gesetzt hat, und ich trinke mit Vorliebe griechischen (genauer gesagt: türkischen) Kaffee. Er wird aus zu feinem Puder gemahlenen Bohnen in einem winzigen Topf zubereitet, einem *bríki*, der wie eine Art Butterpfännchen aussieht. Als Faustregel nimmt man einen Teelöffel Kaffee für eine Mokkatasse Wasser und keinen Zucker für einen gewöhnlichen *skéto*, ein Stückchen Zucker für einen halbstarken *métrio* und zwei Stückchen für einen süßen *glykó*.

KORIANDER

Koriander, *kolíandron*, ist im östlichen Mittelmeerraum und in Indien beheimatet. Man verwendet sowohl den Samen als auch die grünen Blätter, letztere werden mitunter auch als ›chinesische Petersilie‹ bezeichnet. Die Blätter sind erfrischend und pikant. In Griechenland wird der Samen zum Einlegen, Backen, zum Würzen von Würsten und in Eintöpfen benutzt, die Blätter für Salate und zum Garnieren.

MAISMEHL

Dieses gelbe Mehl, dessen griechischer Name *aravósitos* arabischer Weizen bedeutet, wird aus dem amerikanischen Mais gemahlen, der vermutlich von den Arabern eingeführt wurde. Diese übernahmen ihn von den aus Amerika zurückkehrenden Spaniern. Wie die italienische Polenta ist es grob oder fein gemahlen erhältlich. Es ist nicht zu verwechseln mit Stärkemehl. Maismehl ist ein herkömmlicher Bestandteil im Landbrot und in Kuchen, und ich benutze es gern, um damit Fische vor dem Braten zu bestäuben.

WEIZENSCHROT

Ein Jahrtausend lang galt dieser *pligoúri* als der Reis der Armen. Man nennt ihn auch *burghul* oder *bulgar*, und er ist in Reformhäusern und Bioläden erhältlich. Da er bei der Herstellung gekocht wird, muß er nur kurz eingeweicht werden, bevor man ihn essen kann.

KREUZKÜMMEL

Kímino, dessen Frucht einem Samenkorn ähnelt, ist ebenfalls im östlichen Mittelmeerraum beheimatet. Er wird in Griechenland in erster Linie für Fleischgerichte orientalischen Ursprungs benutzt – oder als Aufguß bei Magenleiden! Er gilt als appetitanregend.

DILL

In alter Zeit stand der Name *ánithos* auch für Anis, der aus derselben Familie der *Umbelliferae* stammt und heute *glykániso* oder süßer Dill genannt wird. Die alten Griechen und Römer benutzten Dill in der Küche und wegen seiner Heilkräfte. Er ist fast überall frisch zu bekommen.

FENCHEL

Fenchel oder *márathos* wurde wildwachsend im alten Marathon entdeckt, wo die zahlenmäßig unterlegenen Athener die persische Armee im Jahre 490 v. Chr. schlugen. Das Grün, der Stengel und der Samen werden zum Kochen und zu medizinischen Zwecken verwendet; mitunter nehme ich das Grün anstelle von Dill.

FILLOTEIG

Fýllo, dünne Blätter aus Weizenteig, sind in einigen Supermärkten und in jedem Lebensmittelgeschäft in Griechenland und im Mittleren Osten erhältlich. Es gibt sie in Packungen zu 12 oder 24 Blättern in den Größen 30 × 30 cm oder 50 × 30 cm. Sie lassen sich im Gefrierfach lagern, doch müssen sie bald nach dem Auftauen, das langsam in der Packung erfolgen sollte, verarbeitet werden.

An der Luft trocknen die Blätter aus und werden brüchig; daher sollte man möglichst schnell arbeiten und diejenigen, die man gerade nicht verarbeitet, unter einem feuchten Tuch aufbewahren.

FISCHROGEN

Taramá, das wie eine Art Brei aussieht, ist der gesalzene Rogen einer Spezies der Meeräsche. Doch heute, da die Bestände an Mittelmeerfischen schwinden, ist das Originalgericht teuer, und mit großer Wahrscheinlichkeit besteht es aus dem Rogen von Nordseekabeljau, Karpfen oder Thunfisch. Meistens wird es zur Zubereitung von *taramosaláta* und *taramakeftéthes* benutzt. Statt dessen kann auch gesalzener oder geräucherter Kabeljaurogen verwendet werden. Er wird in vielen Fischgeschäften mit Haut (die entfernt werden muß) und auch in Dosen verkauft.

Avgotáraho, in Frankreich *boutargue* und in Italien *botargo* genannt, wird aus den Eiern der Meeräsche bereitet. Der ganze Eiersack wird gesalzen, getrocknet, leicht geräuchert und zum Schutz mit einer dünnen Schicht Bienenwachs überzogen. Mancherorts ißt man dazu Brot, das in

Scheiben geschnitten und mit Zitronensaft beträufelt wird. Im Handel ist es immer seltener zu finden. In ihrem Buch über die Küche im Mittleren Osten gibt Claudia Roden einige Tips, wie man das Gericht aus den ganzen Eiersäcken des Kabeljaus zubereitet.

Früher wurde *taramosaláta* zubereitet, indem man *avgotáraho* zerrieb und zerstampfte. Heute ist es einfacher und verbreiteter, *taramá* zu verwenden.

In Griechenland gibt es keinen Lachs, aber *brik*, roter Kaviar oder Lachsrogen, wird in großen Mengen importiert, und zwar leicht gesalzen in Gläsern. In Athen jedoch wird er auch frisch zu großen farbenfrohen Pyramiden aufgeschichtet zum Verkauf angeboten.

KNOBLAUCH, LAUCH UND ZWIEBELN

Skórtho, prássa und *kremíthia*, die alle derselben Familie *Allium* angehören, wachsen in Griechenland wild. Seit jeher verleihen sie der griechischen Küche ihren intensiven Geschmack. Wer noch nie frischen Knoblauch probiert hat, sollte ein paar keimende Zehen in einen Blumentopf oder in seinen Garten einpflanzen. Sie sind so süß und mild, daß man versucht ist, sie roh zu essen.

Ich pflücke wilde Lauchblüten und gebe sie im Frühling in den Salat – kleine weiße Sterne mit einer erstaunlichen Wirkung.

GERANIEN

Die duftenden Blätter der Rosengeranie, *arbaróriza*, verwendet man gewöhnlich für Marmeladen und Gelees sowie zur Zubereitung eines Erfrischungstees. Wenn sie nicht bei einem Kräuterhändler oder in einem Reformhaus erhältlich sind, kann man sie mühelos selbst ziehen – sie sind nahezu unverwüstlich. In fast jedem Garten auf der Insel steht ein Blumentopf mit einer Rosengeranie, und alle riechen ständig an ihr, streicheln und lieben sie.

ZIEGENMILCH

Ziegenmilch, *gála katsikísio*, enthält mehr Protein und Vitamine, aber weniger Cholesterin als Vollmilch von der Kuh. Sie

ZWIEBELN

wird in Reformhäusern, Bioläden und einigen Supermärkten angeboten. Viele Menschen, die gegen Kuhmilch allergisch sind, vertragen Ziegenmilch gut. Sie ist seit Urzeiten in Griechenland (und im Mittleren Osten) ein Hauptnahrungsmittel, und sie verleiht Suppen und Saucen Charakter und Würze.

TRAUBEN

Schon im 1. Jahrhundert v. Chr. wurden in Griechenland bestimmte Sorten von Rosinen und Tafeltrauben, *staphýlia*, gezüchtet – und heute gibt es weltweit etwa 8 000. Als Zitronen und Bitterorangen noch unbekannt waren, benutzte man den Saft von sauren Trauben, um Gerichten eine herbe Note zu verleihen.

Rankende Weinstöcke an Gartenlauben sind in Griechenland ein allgegenwärtiger Anblick, mitunter sieht man sogar einige auf den Balkons von Athener Wohnungen. Ich persönlich freue mich auf den Spätsommer; dann nehme ich meinen ganzen Mut zusammen und pflücke mit List und Tücke die süßen sonnengebräunten Beeren, wenn die Wespen nicht hinschauen. Man ißt sie nicht nur frisch, sondern legt sie auch in Sirup ein, um sie als ›Löffelsüßigkeit‹ zu servieren.

WEINBLÄTTER

Weinblätter, *klimatófylla*, benutzt man als praktische kulinarische Verpackung in Griechenland und in allen angrenzenden Gebieten des Mittelmeerraumes und der UdSSR – an allen Orten, wo Dionysos sie, wie es in den Mythen überliefert wird, eingeführt haben soll.

Alles läßt sich in ein Weinblatt einwickeln. Sie werden in einigen Supermärkten und Spezialgeschäften für griechische oder orientalische Lebensmittel in Gläsern oder in Plastikpackungen in Lake eingelegt verkauft. Die Blätter sind vor Gebrauch abzuspülen. Wenn man einen eigenen Weinstock besitzt, sollte man die zarten ersten Blätter pflücken. Man entfernt die zähen Teile oder Stiele, legt die Blätter in ein Sieb und dämpft sie etwa 5 Minuten. Man sollte sie sofort verarbeiten oder sie in sterilisierten Gläsern mit Salzlake oder Essig aufbewahren.

TRAUBENMOST UND SIRUP

Traubenmost, *moústos*, ist der Saft von Weintrauben im Anfangsstadium des Gärungsprozesses. 4 kg Trauben ergeben etwa 1 Liter *moústos*. Die Trauben werden in einem großen Holztrog oder einer Keramikschüssel (mit den Händen oder einem Kartoffelstampfer) zerdrückt, anschließend durch feinen Musselin gefiltert, wobei so viel Saft wie möglich herausgepreßt wird. Den Musselin sollte man ein paar Stunden über dem Saft hängen lassen.

Jedes Jahr im Herbst wird eine traditionelle und sehr alte Süßspeise, genannt *moustalevriá*, hergestellt, indem *moústos* zusammen mit Grießmehl so lange gekocht wird, bis die Masse fest geworden ist und geformt werden kann. Mit Nüssen und Sesamsamen bestreut, serviert man sie, um die Ernte zu feiern, oder man trocknet sie in der Sonne und füllt sie in Dosen für spätere Anlässe. Meiner Ansicht nach waren diese getrockneten Mostkuchen eine alte Form von Sauerteig.

Moústos kann zu einem dicken, honigähnlichen Sirup verkocht und als Süßstoff benutzt werden – wie es vor der Einführung des Zuckers in der westlichen Welt getan wurde. Im Griechischen heißt er *petimézi* und im Italienischen *vino cotto*, und man findet ihn in den entsprechenden Lebensmittelgeschäften.

HONIG

Honig, *méli*, war von jeher in den meisten Kulturen der heilige Süßstoff. Selbst Aristoteles, der Vater der Naturwissenschaften, konnte nicht sagen, was für eine Arbeit die Bienen eigentlich verrichteten, und er stellte die Hypothese auf, daß Honig aus dem Morgentau gesammelt wurde, der vom Himmel fiel.

Griechischer Thymianhonig wurde in der gesamten antiken Welt hoch geschätzt. Besagter Honig vom Hymettos (einem Bergzug in Griechenland) wird noch immer in griechischen Lebensmittelläden verkauft. Man sollte sich auch nach Honig, der aus anderen einzelnen Pflanzenarten gewonnen wird, sowie nach Kräuter- und Blütenhonig umsehen.

ZITRONEN

Lemónia sind relativ neu in der griechischen Küche – vermutlich verwendet man sie erst seit knapp einem Jahrtausend. Heute hat fast jeder Inselbewohner mindestens einen eigenen Baum, von dem er täglich Zitronen pflückt, die er zu oder in fast allen Mahlzeiten verwendet.

Immer wenn in den Rezepten von Zitronenblättern die Rede ist, werden sie dazu verwendet, den Boden einer Backform oder einer Schmorpfanne auszulegen, damit das, was man gerade zubereitet, nicht anbrennt oder sich durch die direkte Berührung mit der Pfanne verfärbt. Ich denke aber auch, daß man bei dieser Methode durch den Duft der Zitrusblätter, die direkt vor der Tür fast jedes Inselhauses wachsen, ein wenig Poesie mitaufnehmen kann, um dem jeweiligen Gericht, das man gerade kocht, einen lebendigen Duft zu verleihen. Ersatzweise kann man Kohlblätter, Salatblätter, Weinblätter oder duftende Geranienblätter nehmen. Wenn Sie auf das zarte Zitrusaroma bei der Verwendung eines eher prosaischen Kohlblattes nicht verzichten wollen, fügen Sie einen oder zwei Streifen Zitronenschale bei. Ich lege Zitronenblätter ins Wasser des Plumpuddings oder koche sie separat, wenn ich möchte, daß die Küche wie ein sonniger Zitronenhain duftet.

VERBENE (ZITRONENSTRAUCH)

Louíza wurde im 18. Jahrhundert aus Südamerika nach Griechenland gebracht. Man schätzte sie sofort wegen ihres süßen Zitrusgeschmacks, den sie Tees und Süßspeisen verleiht. Es handelt sich hierbei um die *Lippia citriodoro*, eine Mauerranke mit purpurroten Blüten, nicht zu verwechseln mit dem Eisenkraut.

Die Verbene wird von Kräuterhändlern und in Reformhäusern und Bioläden verkauft. Ein Aufguß aus Verbene mit Lindenblüten und duftenden Geranien ergibt einen köstlichen Tee – heiß oder kalt – oder eine ausgezeichnete Flüssigkeit zum Dünsten von getrockneten Früchten.

LINDENBLÜTEN

Tílio finden vielerorts als Kräutertee Verwendung, der wegen seines angenehmen blumigen Geschmacks und seiner wohltuenden Wirkung geschätzt wird. In Griechenland bekommt man sie in jedem *bakáliko* oder Lebensmittelladen. Vermutlich bekommen Sie sie auch in Reformkostläden.

MASTIX

Mastíhi ist ein harziges Gummi, das von einem Strauch, *Pistacia lentiscus*, erzeugt wird, der auf der Insel Chios wächst. Mastix findet man in Lebensmittelläden in Griechenland und dem Mittleren Osten – harzige Steinchen, die in kleinen Plastikschachteln verpackt sind. Mit Stößel und Mörser pulverisiert, verwendet man ihn, um Süßspeisen und Eintöpfe mit einem harzigen Anisgeschmack zu würzen.

Während der Herrschaft der Osmanen benutzten die Damen im Harem des Sultans ihn als Kaugummi, um einen angenehmen Atem zu bekommen und die Zähne zu reinigen; darüber hinaus hatten sie auch das ausschließliche Recht, den ganzen Mastix von Chios zu verkaufen, womit sie ihr Taschengeld verdienten. Dieses erste Ur-Kaugummi ist zuckerfrei und ohne chemische Zusätze!

Das Pulver wird auch zum Aromatisieren eines süßlichen Schnapses namens *mastíha* verwendet.

MINZE

Thiósmos ist Grüne Minze und wird häufig in der Küche benutzt. *Mínthe* ist Pfefferminze und wird nur als Aufguß verwendet. Sie wurde nach einer Nymphe benannt, auf die Hades, der König der Unterwelt, ein Auge geworfen hatte. Seine Gemahlin, Persephone, verwandelte sie aus Eifersucht in eine Pflanze – der Duft, der einem Stückchen wilder Minze oder ein paar zwischen den Fingern zerriebenen Blättern entströmt, erinnert an sie. Minze läßt sich gut trocknen, frisch ist sie aber vorzuziehen.

OKRA

Okras oder Ladyfinger, *bámies*, sind fast nur in Teilen des Mittelmeerraumes, im Süden der USA und in der dritten Welt bekannt. Es handelt sich nicht um ein Gemüse, sondern um unreife Samenschoten, die mit dem Hibiskus verwandt sind. Man schätzt sie wegen ihres herben, leicht sauren Geschmacks und ihrer klebrigen Säfte, die schon so manchen Eintopf eingedickt haben.

Wer das Klebrige nicht mag, schneidet den Stengel so ab, daß die Schote nicht verletzt wird. Man sollte die Okras in einer flachen Schüssel mit ein wenig Essig und Salz zwei Stunden in der Sonne einweichen. Anschließend waschen und gut trocknen.

OLIVENÖL

Auf den griechischen Böden, die als Weideland oder Anbaugebiet für Getreidepflanzen noch nie ideal waren, gedeiht die Olive hervorragend. Öl aus Athen galt als das beste in der Alten Welt, und Griechenland hat von jeher Öl gegen Weizen getauscht. Als ein Grundnahrungsmittel sorgte das Öl, *elaiólatho*, bei einer einfachen Ernährung stets für die nötigen Kalorien und Vitamine. Heute wissen wir, daß es einfach ungesättigte Fettsäuren enthält, von denen man annimmt, daß sie dem menschlichen Körper bei der Umwandlung des ›schlechten‹ Cholesterins helfen.

Heutzutage benötigen wir keine zusätzlichen Kalorien; daher habe ich die Ölmengen auf ein Minimum gesenkt, was meiner Meinung nach keinen Geschmacksverlust bedeutet.

Mein Freund Nick, ein Agronom, empfiehlt ein kaltgepreßtes Öl aus der ersten Pressung. Es ist unraffiniert und enthält keine weiteren Zusätze. Die besten Öle sollten einen niedrigen Säuregehalt – unter 1 Prozent – wie auch einen reinen, angenehmen Geruch haben. Öle aus erster Pressung und raffinierte Öle werden auch gemischt verkauft – die Qualität, die gewöhnlich zum Kochen verwendet wird.

Ich habe in diesen Rezepten ausschließlich Olivenöle benutzt, da die anderen traditionellen Küchenfette, ausgelassenes Schafsfett und Schafsbutter, außerhalb Griechenlands nur schwer zu bekommen sind. Natürlich ist man im modernen Griechenland dem Olivenöl aufgrund der steigenden Preise zum Teil untreu geworden und verwendet statt dessen auch andere Öle und Margarine.

OLIVEN

Über Jahrtausende hinweg sind in Griechenland, entsprechend dem jeweiligen Klima einzelner Regionen, sehr viele Sorten von *eliés* herangezüchtet worden.

Throúmbes sind keine eigene Sorte, sondern eine Zubereitungsart. Diese Oliven sind salzig, runzelig und schwarz, denn man läßt sie so lange an den Zweigen, bis sie vertrocknen und von selbst abfallen. Ansonsten werden große Netze um die Bäume gespannt, und die Pflücker schlagen mit Stangen auf die Äste, bis alle Oliven herabgefallen sind. Die Oliven werden ein paar Tage zum Trocknen ausgebreitet und dann in Steinsalz eingelegt. Nach ein paar Wochen kann man sie essen, oder man lagert sie bis zur nächsten Ernte. Man findet sie in Lebensmittelläden mit griechischen und orientalischen Spezialitäten. Das überschüssige Salz muß gründlich abgewaschen werden.

Kalamáta-Oliven, die man lose kaufen kann oder in Dosen in Salzlake oder Öl eingelegt, sind tränenförmige Früchte: grün, purpurrot oder schwarz, je nachdem in welchem Reifestadium sie gepflückt wurden. Sie werden angeschnitten und zehn Tage in häufig gewechseltem frischem Wasser eingeweicht, um die bitteren Glucoside zu entfernen. Dann werden sie in eine Lake gelegt, die so viel Salz enthält, daß ein Ei darin schwimmt, oder in eine Mischung aus zwei Teilen Olivenöl und einem Teil Weinessig mit verschiedenen Gewürzen: Zitronenschale, roter Cayennepfeffer, Rosmarin, Thymian, Oregano oder Lorbeerblatt. Jeder, der einen eigenen Olivenbaum besitzt, weiß jetzt wohl, was er mit den Oliven machen kann, die sonst überall im Garten herumliegen!

ORANGENBLÜTEN- UND ROSENWASSER

Anthónero und *rothónero* sind verdünnte Essenzen aus Orangenblüten und Rosenblättern; sie werden vorwiegend für Süßigkeiten verwendet. Schon ein Hauch davon ruft eine orientalische Atmosphäre hervor – und deshalb gebe ich sogar Rosenwasser in mein Dampfbügeleisen.

OREGANO UND MAJORAN

Bei diesen beiden Kräutern handelt es sich um *Origanum vulgare* und *Origanum majorana*, die so eng miteinander verwandt sind, daß sie in getrocknetem und gemahlenem Zustand von einem Gewürzhändler und selbst von einem guten Botaniker nur schwer voneinander unterschieden werden können. Im allgemeinen ist Oregano, *rígani*, schärfer im Geschmack und ausgeprägter im Aroma als Majoran, *mantzouróna*. Beide werden seit der Antike geschätzt, und wilder griechischer Oregano wird getrocknet exportiert.

PETERSILIE

Die Krieger in Homers *Ilias* fütterten ihre Pferde mit glattblättriger Petersilie und krönten ihre Tapferen mit diesem alltäglichen, häufig verwendeten Kraut. Leider ist glattblättrige Petersilie hierzulande weniger gebräuchlich als die dekorative krausblättrige Sorte.

Wenn ich für alle Anlässe und Jahreszeiten ein einziges Kraut wählen müßte, würde ich mich für die glattblättrige Petersilie entscheiden. Hat man diese alte Sorte erst einmal probiert, wird man nicht mehr auf sie verzichten wollen. Sie ist immer häufiger bei Obst- und Gemüsehändlern und auf Märkten erhältlich und läßt sich leicht anpflanzen. Manchmal wird sie auch ›italienische Petersilie‹ genannt.

REIS

Obwohl Reis in Griechenland erstmals im 3. Jahrhundert v. Chr. auftauchte, blieb er jahrhundertelang eine teure Delikatesse, während geschroteter Weizen, Gerste und anderes Getreide die Hauptnahrung der Bauern darstellten. Heute ist auch der Reis für die Griechen Grundlage einer Reihe von Pilaws und vieler anderer Gerichte.

Einige der Rezepte verlangen mittelkörnigen Reis, die griechische Entsprechung zum italienischen *Arborio*. Die meisten Pilaws benötigen Langkornreis. Ich empfehle indischen Basmati-Reis. Wer ihn einmal gekostet hat, wird nur ungern eine andere Sorte essen. Passenderweise heißt Basmati in Hindi ›himmlisches Aroma‹, was gleichbedeutend ist mit ›himmlische Speise‹.

SAFRAN

Safran wird häufig in Pulverform verkauft, doch ich ziehe Blütennarben vor, bei denen es keine Möglichkeit zur Fälschung gibt. Das letzte Mal, als ich Safran in einem normalen Geschäft in den USA gekauft habe, kostete er $ 180 pro Unze (28,35 g), aber nicht verzweifeln! Eine Unze besteht aus etwa 13 000 Blütennarben, und eine Packung enthält normalerweise ein Gramm oder weniger. Er wurde von jeher sehr hoch geschätzt: Zeus soll auf einem Bett aus Safran geschlafen haben, und zur Zeit der Renaissance hatte ein Pfund Safran den Wert eines Pferdes.

Man gebe die verlangte Anzahl Blütennarben in eine Tasse mit heißem Wasser und lasse sie 15–20 Minuten darin ziehen, um auch den letzten goldenen Tropfen Aromaessenz zu gewinnen.

GRIESS

*Simygth*áli wird aus Durumweizen hergestellt, der härtesten Weizensorte, die angebaut wird. Es gibt ihn in drei Körnungen.

Der grobe und der weniger grob gekörnte werden für Milchpuddings, Halwas, verschiedene Kuchen und süßes Brot verwendet. Die feine Körnung ist Grießmehl, das stets gelb ist, weil es nicht gebleicht wird. Es wird auf der ganzen Welt zur Herstellung von Nudeln verwendet und wird häufig als Nudel- oder Durumweizenmehl verkauft. Über seine sehr feine Struktur braucht man nicht überrascht zu sein; es ist dennoch etwas gröber als gewöhnliches Hartweizenmehl, weil es sehr viel härter ist und deshalb nicht feiner gemahlen werden kann.

In Griechenland und Sizilien macht man wie nirgendwo sonst große herrliche Laibe Landbrot aus diesem Mehl. Findet man zum Brotbacken kein Grieß- oder Nudelmehl, kann man statt dessen herkömmliches ungebleichtes, kräftiges Mehl nehmen.

TOMATEN

Man kann sich kaum vorstellen, wie die Küche Griechenlands und anderer Mittelmeerländer vor dem Ende des 16. Jahrhunderts ausgesehen hat, als die Spanier die Tomate aus Peru mitbrachten, wo sie beheimatet ist. Diese ersten Tomaten, kaum mehr als kirschgroße Beeren, wurden mit großer Skepsis aufgenommen. Heute sind einige Sorten im Vergleich dazu recht monströs. Sämtliche Rezepte in diesem Buch wurden ursprünglich mit köstlichen sonnengereiften Tomaten zubereitet. Wenn Ihre eigenen heimatlichen Sorten eher langweilig und fade sind, sollten Sie versuchen, italienische Eiertomaten zu bekommen, denn sie sind meist voller im Geschmack. Falls Sie damit keinen Erfolg haben, geben Sie am besten nach Gefühl zusätzlich Tomatenmark oder sonnengetrocknete Tomaten bei oder greifen auf das ehrenvolle Produkt der Dosentomaten zurück.

Domátes xerés, sonnengetrocknete Tomaten, werden nicht überall in Griechenland angeboten. Sie sind eine Spezialität der Insel Tinos – und von einigen merkwürdigen und vernünftigen Eigenbrötlern, die für ihre im Überfluß vorhandenen Tomaten eine praktische und sinnvolle Verwendung suchen.

Wenn man diese Tomaten in heißes Wasser gibt und anschließend püriert, erhält man ausgezeichnetes Tomatenmark. Es verleiht Saucen, Nudeln, Suppen und Eintöpfen Farbe und einen kräftigen Geschmack, vor allem dann, wenn frische Tomaten nicht so reif sind, wie sie es sein sollten. Man bekommt sie in italienischen Feinkostgeschäften – auch in Öl eingelegt, was zwar teuer, aber bequem ist. Paradoxerweise erhält man aus den relativ geschmacklosen, nicht voll ausgereiften Treibhaus-Tomaten wunderbar herzhafte getrocknete Tomaten.

Anstelle von 3–4 sonnengetrockneten Tomaten kann man 1 Eßlöffel Tomatenmark nehmen. Ich bevorzuge jedoch sonnengetrocknete Tomaten, wenn das Mark nicht selbstgemacht ist.

Das Rezept, nach dem ich mein eigenes Tomatenmark herstelle, habe ich von der Großmutter meiner Freundin Iris bekommen. Man püriere 2,5 kg vollreife Tomaten in einem Mixer. Das Püree gebe man an schließend in eine Pfanne (kein Aluminium!), zusammen mit zwei Eßlöffeln Salz und einem Lorbeerblatt, einem kleinen Zweig Thymian und einem Streifen Zitronenschale, alles in Musselin eingewickelt. Das Ganze wird bei niedriger Hitze gekocht, bis die meiste Flüssigkeit verdampft ist. Das Mark wird dann in dünnen Schichten auf große, flache Backbleche gegossen und zum Trocknen in die Sonne gestellt – abgedeckt mit Musselin oder einem sauberen Stück Fliegengitter, um das Ungeziefer fernzuhalten! Es wird anschließend in Glas- oder Tongefäßen gelagert, bedeckt mit einem Lorbeerblatt und einer Schicht Olivenöl.

THYMIAN

Es gibt viele Arten von Thymian auf der Welt, doch die einzig wahre ist für mich der *Thymus serpyllum*, den ich Bergthymian nenne und der in Griechenland überall wild wächst. Obwohl Oregano üblicherweise eher mit der griechischen Küche in Verbindung gebracht wird, werden Sie feststellen, daß der Bergthymian über diese Seiten großzügiger verteilt ist, denn er wächst auf der Insel Hydra, wo ich lebe, in Hülle und Fülle, und ich habe für ihn eine unbändige Vorliebe. Wenn man getrockneten griechischen Thymian oder *thymári* kauft, handelt es sich um *Thymus serpyllum* – es gibt keinen besseren.

ESSIG

Die Spartaner waren berüchtigt für ihre ›schwarze Suppe‹, die aus einer Brühe aus Schweinefleisch sowie Salz und Essig zubereitet wurde. Und Essig, *xýtha*, ist seit den Anfängen der Zivilisation für manch ein schmackhaftes Gericht unerläßlich. Ich habe in Griechenland einige Essigsorten probiert, die so köstlich waren, daß ich sie am liebsten getrunken hätte.

WILDES BLATTGEMÜSE

Wilde Blattgemüse, *hórta*, wurden seit der in der Jungsteinzeit einsetzenden Landwirtschaft kultiviert. Es war jedoch schon immer ein Recht der Armen, sie wild zu pflücken, und noch heute ist das eine Gepflogenheit in Griechenland. Sobald der glühendheiße Sommer milder wird, bringt das kleinste bißchen Regen eine Fülle eßbarer Unkräuter hervor, bis im nächsten Sommer alles wieder vertrocknet. *Hórta* ist die allgemeine Bezeichnung für alles wildwachsende Grünzeug, und die Sorten sind zahllos – manchmal werden sie an verschiedenen Orten unterschiedlich benannt.

Es gibt viele wilde Blattgemüse, deren Verwandten Sie bei Ihrem Gemüsehändler begegnen. *Róka* ist die Rauke, auch unter ihrem italienischen Namen *arugula* bekannt. Damit läßt sich der beste Salat machen, den ich kenne. *Vroúva* sind Senfblätter, deren kultivierte Vettern im Süden der USA gegessen werden. *Vléeta*, wilde rote Beten, sind die Großeltern der Kulturpflanze, deren Blätter eßbar sind, und des grünen Mangold. Der Name *Rathíkia* bezeichnet sowohl den Löwenzahn als auch die wilde Chicorée, die mit den Kulturpflanzen Chicorée, roter Radicchio und der krausblättrigen Winterendivie verwandt ist. Die Rüben- oder Rettichblätter sollten nicht weggeworfen werden. Wenn sie ganz frisch sind, kann man sie dünsten oder als Zutat im Salat, für Suppen oder Eintöpfe verwenden.

WEINE UND SPIRITUOSEN

»Wein ist das wohltuendste aller Getränke, vorausgesetzt, er wird auf glückliche Weise sowohl mit dem Anlaß als auch mit Wasser verquickt«, hat Petrarca gesagt. Wie viele gute Dinge in Griechenland ist die Herstellung von Wein eine Institution, aber nicht institutionalisiert. Noch heute machen viele Bewohner Griechenlands ihren eigenen Wein und verkaufen ihn in ihrer Gegend. Es ist eine Tradition, daß Tavernen ihren eigenen Wein herstellen. Man produziert sowohl geharzte als auch ungeharzte Weine – Rotwein, Rosé und Weißwein, doch ich glaube, daß nur der weiße *retsína* (geharzter Wein) überall erhältlich ist.

Seit dem Altertum reift griechischer Wein in großen Fässern, die zur Konservierung mit Pinienharz bestrichen werden. Es verleiht dem griechischen Wein seinen typischen Charakter, obwohl sich so mancher Nichtgrieche schwertut, Geschmack daran zu finden.

Das alte Wort für Wein war *oínos*. Das neugriechische Wort heißt *krasí*, benannt nach dem Gefäß, in dem der Wein (der dick und süß war) vor dem Servieren mit Wasser gemischt wurde. Die wörtliche Bedeutung ist daher ›Mischung‹. Zwei handelsübliche Süßweine, die zum Abschluß eines Essens einen Hauch von Antike vermitteln können, sind der Samoswein aus der Muskatellertraube und der *mavrotháphne*, ein schwerer, dunkelrubinroter portweinähnlicher Wein.

Metaxá, Weinbrand, bekommt man auf der ganzen Welt. Jede Familie hat ihr eigenes Rezept für Kirsch-, Feigen-, Orangenweinbrand und andere geheimnisvolle Destillate. Mein Rezept besteht darin, eine ganze Vanilleschote und drei Kardamomsamen mit zwei langen Streifen Zitronenschale in eine Flasche *metaxá* zu geben und das Ganze mindestens einen Monat lang ziehen zu lassen. Man kann es pur trinken oder zum Backen verwenden.

Oúzo wird aus der Maische gebrannt, die nach dem Zerstampfen der Trauben zurückbleibt, und mit Anis aromatisiert. *Rakí* und *tsípouro* sind Tresterschnäpse wie *oúzo* und *gráppa* – feurig und mild zugleich.

JOGHURT

Joghurt, *yaoúrti*, ist sehr wahrscheinlich bereits seit dem Altertum ein Hauptbestandteil der griechischen Ernährung, denn die allgegenwärtigen Bakterien, durch die die Milch sauer wird, gab es damals genauso wie heute. In dem warmen Klima ist er ein notwendiges Mittel, um Milch vor dem Verderb zu schützen. Der köstliche Joghurt Griechenlands wird überwiegend aus Schafsmilch hergestellt, häufig aus Kuhmilch. Ziegenmilch hat einen ziemlich strengen Geschmack, es sei denn, sie wird zur Hälfte mit Kuhmilch vermischt.

Der dicke griechische Joghurt, *yaoúrti tis sakoúlas*, ist so dick und cremig, daß er statt *crème fraîche* verwendet werden kann. Er wird als ›gesiebt‹ bezeichnet, weil herkömmlicher Joghurt zum Abtropfen in Gaze aufgehängt wird, wodurch er sehr viel Flüssigkeit (und die Hälfte seiner Masse) verliert.

Der im Handel erhältliche Joghurt ist zwar besser, doch viele Griechen stellen ihn noch immer lieber selbst her. Um Joghurt zu Hause herzustellen, versetzt man die Milch mit lebenden Joghurtkulturen. Ich glaube nicht, daß handelsüblicher Joghurt am besten dafür geeignet ist, obwohl die meisten Marken ihren Zweck erfüllen. Besser ist es, man versucht, ein paar Löffel Joghurt – zum Beispiel aus einem indischen Restaurant – zu bekommen, da man ihn dort wahrscheinlich selbst herstellt.

Man erhitzt 1 Liter Milch in einem Edelstahl- oder emaillierten Topf; wenn die Milch kocht, dreht man die Hitze herunter und läßt die Milch eine Minute lang köcheln. Anschließend den Topf herunternehmen und die Milch abkühlen lassen, bis man fünf Sekunden lang seinen Finger hineinhalten kann (41–43°). Erfolg oder Mißerfolg hängen von der richtigen Temperatur der Milch ab.

In einer Ton- oder Glasschüssel verrühren Sie nun die Starterkultur mit ein paar Eßlöffeln heißer Milch, bis die Masse flüssig ist. Die restliche Milch langsam einrühren. Mit einem Teller abdecken und in eine Decke einwickeln. Acht Stunden ungestört an einem warmen Ort stehenlassen.

Stellen Sie den Joghurt in den Kühlschrank; nach dem Erkalten kann er verzehrt werden. Bewahren Sie ein paar Löffel auf als Starterkultur für die nächste Portion. Bei der Verwendung von fettfreier oder fettarmer Milch ergeben 2–3 Eßlöffel Trockenmilchpulver, das man in der heißen Milch auflöst, eine dickere Konsistenz.

MEZÉTHES UND SUPPEN

Die kleinen Appetithappen, bekannt als mezéthes, knabbert man vor, manchmal anstelle einer Mahlzeit, während Suppen einen unerläßlichen Bestandteil der ländlichen Küche darstellen.

Von links nach rechts Veríkoka Yemistá *(S. 30)*,
Bourekákia me Kremithákia fréska *(S. 21)*,
Fáva me Lahaniká *(S. 25)*,
Psarospanakodolmathákia *(S. 24)*

Stellen Sie sich vor, Sie schlendern ziellos durch die Sträßchen und Gassen eines Fischerdorfes auf einer Insel. Die weißgetünchten Hauswände reflektieren das Mondlicht, und die Stadt leuchtet in der Dunkelheit. Fenster und Türen sind geöffnet, um die Nachtluft hereinzulassen. Im Vorbeigehen hören Sie erregte Gespräche und Schnarchen, Lachen, natürlich Fernsehlärm und Musik aus der Nähe ... *»Páme miá vólta sto fengári ...«*, »Komm, spaziere mit mir bis zum Mond ...«, ist ein altes Lied, das in unzähligen Nächten wie dieser gesungen wird, an unzähligen Tischen in unzähligen Tavernen, Gärten und Cafés.

Jenseits eines kleinen Platzes, unter ein paar Eukalyptusbäumen, steht ein Tisch, an dem gesungen wird und jemand versunken Gitarre spielt. Man fordert Sie auf, sich dazu zu setzen und holt noch einen Stuhl herbei. Auf dem Tisch Krüge mit Retsina und überall Teller, damit sich jeder bedienen kann. Es gibt glänzende, runzelige Oliven, pikante eingelegte Auberginen und Salate aus sonnengereiften Tomaten, knackigen Gurken und Zwiebeln. Es gibt gebratenen Käse, verschiedene Fischsorten wie Stinte oder Pilchards, Fleischklößchen und gegrillte Würstchen – dazu viele Zitronenschnitze, die man darüber auspreßt. Es gibt einen Teller mit in Scheiben geschnittener Lammzunge und einen Teller mit rosafarbenen und weißen Tintenfischstücken, beides in Essig, Öl und Kräutern. Es ist ein einfaches Festessen, das man zusammen mit der Nacht, der Musik und der Geselligkeit genießt – ein zwangloses Beisammensein unter den Sternen.

Diese *mezéthes* oder ›kleinen Happen‹ sind in Griechenland eine nationale Institution. Sie können alles umfassen, von einer Handvoll Oliven, die man mitten auf dem Feld ißt, bis hin zu einer großen, verschwenderisch gedeckten Tafel als Auftakt zu einem Festessen. Die griechische Gastfreundschaft erlaubt es niemandem, ein Haus zu betreten, ohne wenigstens einen ›kleinen Happen‹ zu essen, gleich zu welcher Tageszeit. Ob man am Nachmittag zu Besuch kommt oder später am Abend, wenn man vielleicht schon gegessen hat, eine Kleinigkeit wird einem immer angeboten. Ein Grieche würde auch kein alkoholisches Getränk zu sich nehmen, ohne etwas dazu zu essen, und *oúzo* bedeutet unweigerlich, daß dazu *mezéthes* geknabbert werden, gleich ob zu Hause, in einer *ouzerié* oder Taverne.

Das Wort ›meze‹ ist türkisch, doch der Gedanke geht mindestens bis ins 3. Jahrhundert v. Chr. zurück, als Lynceus es wie folgt beschrieb: »... denn der Koch stellt einen großen Teller vor dich, auf dem fünf kleine Teller stehen. Auf dem einen Knoblauch, auf dem anderen zwei Seeigel, auf dem nächsten eine süße Weintunke, auf dem vierten zehn Herzmuscheln und auf dem letzten ein kleines Stück Stör. Während ich dies esse, ißt ein anderer jenes; und während er jenes ißt, habe ich dies verspeist. Was ich möchte, guter Herr, ist sowohl das eine wie das andere, doch mein Wunsch ist unerfüllbar. Denn ich habe weder fünf Münder noch fünf rechte Hände ...« Der arme Lynceus scheint einem Mißverständnis erlegen gewesen zu sein, denn es ist nie im Sinne der Griechen gewesen, sich vollzustopfen.

In einem winzigen Bergdorf auf Hydra, das man über einen gewundenen, felsigen Weg erreicht, lebte einst ein alter bärbeißiger Insulaner. Heute gebietet seine Enkelin über das Haus, doch von einem Foto betrachtet er uns, blickt starr über seinen riesigen weißen Schnauzbart. Man kann sich vorstellen, wie er im *salóni* gebieterisch sein Essen bestellt. Er will Suppe vor dem Mittagessen, Suppe vor dem Abendessen, Suppe, Suppe, Suppe.

Panaiotis war ein reicher alter Gauner, der im Hinblick auf das Essen nicht so anspruchsvoll war wie die Reichen auf dem Kontinent; daher verlangte er die gleiche kräftige Suppe, die vermutlich nebenan im Hause des Schäfers die ganze Mahlzeit ausmachte. Er aß gern *trahaná*, Weizenschrot, eingeweicht in Ziegenmilch und in der Sonne getrocknet. Anschließend wird daraus ein Brei zubereitet, den man mit geriebenem Käse bestreut, oder eine einfache Suppe, indem man Wasser, Zwiebeln, Tomaten und ein paar wilde Kräuter dazugibt.

Ein weiteres Lieblingsgericht ist *patsás*, eine herzhafte Mischung aus Kaldaunen, Gemüse und Schweins- oder Lammfüßchen, stets mit *scorthostoúmbi*, Knoblauchessig, angemacht. Im 8. Jahrhundert v. Chr. aß der Dichter Hesiod ein dickflüssiges Gebräu aus Malven, und im Zweiten Weltkrieg aßen die Inselbewohner so viel Nesselsuppe, daß sie heute lieber nicht mehr an ihre herrliche leuchtendgrüne Farbe denken. *Mayerítsa* ist die traditionelle Ostersuppe aus Lamminnereien und Kräutern, die mit *avogolémono*, einer Eier-Zitronen-Sauce, angedickt wird. Darüber hinaus gibt es wunderbare Fischsuppen sowie Suppen aus Kichererbsen, Bohnen, Linsen, Weizenschrot oder Lorbeer. Alle sind nahrhaft und wohlschmeckend. Wo immer sich zum Kochen eine Muschel, ein ausgehöhlter Stein, ein Rindermagen oder ein Topf fand, gab es Suppe, zeitlos wie die Landschaft, die ihre Zutaten hervorbringt.

BOUREKÁKIA ME KREMITHÁKIA FRÉSKA

FRÜHLINGSZWIEBELN IN FILLOTEIG

Diese zigarettenförmigen *bourekákia* sind leicht und elegant. Sie sind schnell zubereitet und kalorienarm. Nach derselben Methode kann man jede andere Füllung verarbeiten – probieren Sie einmal eine kräftigere Variante mit gehackten Walnüssen und Roquefort, oder füllen Sie sie mit Resten als kleinen Imbiß für Kinder.

Wenn Ihr Fillotieg tiefgefroren ist, was bei den meisten handelsüblichen Packungen der Fall ist, tauen Sie ihn langsam in der Packung auf, und verwenden Sie ihn sofort.

ERGIBT 16 STÜCK

etwa 6 Bund Frühlingszwiebeln,
den weißen Teil und etwa 2,5 cm Grün,
gehackt, mindestens 350 g
125 ml Olivenöl
50 g frischer Dill, gehackt
Salz und frisch gemahlener schwarzer Pfeffer
8 Blätter Filloteig (s. Seite 12), aufgetaut
2 Eßlöffel Sesamsamen

Die gehackten Zwiebeln mit einem Eßlöffel Olivenöl, dem gehackten Dill, Salz und Pfeffer in eine Schüssel geben.

Acht Teigblätter aus der Packung nehmen. Die Pakkung wieder verschließen und in den Kühlschrank legen. Die verwendeten Filloblätter mit einem feuchten Geschirrtuch abdecken und möglichst schnell arbeiten, da sie leicht austrocknen.

Ein Teigblatt quer auslegen, mit reichlich Olivenöl bepinseln. Ein zweites Blatt über das erste legen und gleichfalls mit Olivenöl bepinseln. Mit einem Viertel der Zwiebelmischung einen Streifen bestreuen, dabei einen Rand von 2,5 cm an der unteren Kante des Blattes freilassen. Von derselben Seite aus aufrollen, bis sich eine lange Röhre ergibt, die Enden gut verschließen. Auf ein eingefettetes Backblech legen.

Wiederholen Sie diesen Vorgang dreimal. Jede Röhre schräg in vier Teile schneiden, mit Olivenöl bepinseln und die Oberseite mit Sesamsamen bestreuen. In einem vorgeheizten Backofen etwa 30 Minuten bei 180° C goldbraun und knusprig backen. Heiß oder kalt servieren.

KOLOKYTHÁKIA KEFTÉTHES

ZUCCHINIKROKETTEN

In Griechenland haben die Inseln Inseln. Eine davon wirkt, von Hydra aus gesehen, wie ein riesiger Wal, der durch den Sonnenuntergang schwimmt. Auf dieser Insel gibt es einen ständigen Bewohner, zwei Häuser und eine winzige Hütte, die als Taverne dient; sie wurde erbaut, um die Gruppe von Archäologen, die im Sommer dort tauchen, und gelegentlich ankernde Jachten zu verpflegen. Hin und wieder lassen wir uns von einem Bootsbesitzer übersetzen und betrachten den aufgehenden Mond, während wir diese Kroketten knabbern und darauf warten, daß ein Zicklein am Bratspieß fertig wird.

In Griechenland läßt man alles, was in schwimmendem Fett gebraten worden ist, ausnahmslos auf Zeitungspapier statt auf Küchenpapier abtropfen!

ERGIBT 24 STÜCK

100 g Zucchini, geraspelt
25 g Lauch, geraspelt
65 g kefalotýri-Käse oder italienischer Sardo
oder geriebener Parmesan
50 g fein gemahlener paximáthia (s. Seite 11)
oder geröstete Brotkrumen
3 Eßlöffel feingehackte glattblättrige Petersilie
2 Eßlöffel feingehackte frische Minzeblätter
2 mittelgroße Eier
frisch gemahlener schwarzer Pfeffer
Salz
etwa 450 ml Olivenöl zum Braten

Die geraspelten Zucchini in ein Sieb schichten, gut salzen und 20 Minuten abtropfen lassen. Abspülen und die überschüssige Flüssigkeit auspressen. Alle Zutaten zusammen in eine Schüssel geben und so lange verrühren, bis sie gut vermischt sind.

Öl bis zu 2 cm tief in einem Wok oder in einer großen Pfanne mit ausreichend hohem Rand erhitzen, bis die Oberfläche unruhig wird. Geben Sie nun gehäufte Eßlöffel der Mischung ins Öl, und braten Sie sie, bis sie eine goldbraune Farbe annehmen (etwa zwei Minuten), dabei einmal wenden. Geben Sie nicht zu viele auf einmal in die Pfanne, sonst sinkt die Temperatur und die Kroketten saugen das Öl auf und werden fettig. Auf Küchenpapier abtropfen lassen und sehr heiß servieren.

TYROPITÁKIA TIS KYRÍAS SOPHÍAS

KYRIA SOPHIAS KÄSEBEIGNETS

Eine halbe Stunde Fußweg von meinem Haus entfernt, im Schatten eines felsigen Bergkamms, der in alter Zeit ein mykenischer Beobachtungspunkt war, liegt ein Fischerdorf, wo Kyria Sophia mir beibrachte, wie man diese kleinen Käsebeignets zubereitet. Sie behauptet zwar, daß es sie überall gibt, doch bisher habe ich noch keine gefunden, die ebenso gut sind.

Die Beignets sind einfach und schnell zubereitet und schmecken köstlich, gleichgültig, welche Käsesorten man kombiniert; sie lassen sich im Notfall aus kleinen Käseresten machen, die man noch im Kühlschrank hat. Versuchen Sie sie auch einmal mit frischen Kräutern und Kümmelsamen.

ERGIBT ETWA 48 STÜCK

160 g féta-Käse, zerkrümelt
160 g kefalograviéra-Käse
oder Gruyère oder Emmentaler, gewürfelt
160 g kasséri-Käse oder Cheddarkäse, gewürfelt
50 g Mehl
50 ml Milch
1–2 mittelgroße Eier
Olivenöl zum Fritieren

Alle drei Käsesorten in eine Schüssel geben und mit Mehl bestäuben. Mit der Milch eßlöffelweise befeuchten, bis sich die Mischung geschmeidig anfühlt. Die Eier einzeln hineinschlagen, da Sie vielleicht nicht beide brauchen werden. Wenn sich mit einem Ei eine zusammenhängende Masse ergibt, das zweite weglassen.

Das Öl in einer tiefen Fritierpfanne, einem Wok oder einer großen Pfanne mit ausreichend hohem Rand erhitzen, bis die Oberfläche unruhig wird. Geben Sie gehäufte Teelöffel mit der Mischung in das heiße Fett, wobei Sie darauf achten sollten, daß die Pfanne nicht zu voll wird, da sonst die Temperatur des Öls zu schnell sinkt.

Die Beignets eine Minute braten, dabei einmal wenden. Wenn sie goldbraun sind, zum Abtropfen auf Küchenpapier legen und den zweiten Schub braten. Sehr heiß servieren.

ELIÉS STO FOÚRNO

GEBACKENE OLIVEN

Wenn Sie nicht darauf warten wollen, bis wunderbare, marinierte Oliven aus den geheimsten Winkeln gut gefüllter Speisekammern auftauchen, werden Sie diese gebackenen Oliven sicherlich begeistern, heiß oder kalt. Nach dem ursprünglichen Rezept stellte man die Oliven dicht ans Feuer, damit sie warm und weich wurden.

ERGIBT 500 GRAMM

500 g griechische Oliven von beliebiger Sorte,
auch gemischt
450 ml Rotwein
4 Knoblauchzehen, in Scheiben geschnitten
2 Lorbeerblätter
4 Streifen dünn geschnittene Zitronenschale,
jeder etwa 5 cm lang
1 Teelöffel getrockneter Bergthymian (s. Seite 16)
40 ml mastíha-Schnaps (s. Seite 14) oder oúzo
Pfeffer

Alle Zutaten zusammen in eine feuerfeste Kasserolle geben und zugedeckt in einem auf 180° C vorgeheizten Backofen 30 Minuten backen.

BÁMIES XEROTIGANISMÉNES

KNUSPRIG GEBRATENE OKRAS

Ich denke, dieses Rezept müßte für 8–10 Personen reichen, doch nur, wenn Ihre Gäste nicht augenblicklich süchtig danach werden. Diese kleinen Knusprigkeiten sind vielen meiner Freunde zum Verhängnis geworden.

FÜR 8–10 PERSONEN

1 kg Okras
700 ml Olivenöl zum Braten
Salz und Cayennepfeffer

VOR EINEM KAFENEION *Sobald die Tage wärmer sind, werden Tische und Stühle nach draußen gestellt, und das Leben findet größtenteils im Freien statt.*

Zum Reinigen der Okras (Ladyfinger) rubbeln Sie die Härchen mit einem Handtuch ab. Den Stiel abschneiden, ohne die Schote zu öffnen, und die Okras in 125 ml Essig mit etwas Salz in einer flachen Schüssel einweichen. Die Schüssel am besten 2 Stunden in die Sonne stellen. Die Okras gut waschen und abtropfen lassen. Dadurch wird der klebrige Saft entfernt, der diese Beignets weich machen würde.

Die Okras gut abtrocknen und in 1 cm dicke Stücke schneiden. Das Öl in einem Wok, einer tiefen Fritierpfanne oder einer großen Pfanne mit ausreichend hohem Rand erhitzen, bis die Oberfläche unruhig wird.

Die Okras in die Pfanne streuen, nicht mehr als eine Handvoll auf einmal, damit die Temperatur des Öls nicht zu sehr sinkt, und braten. Mit einem Schaumlöffel umrühren und die Stücke im Öl wenden. Wenn die Okras braunglänzend und knusprig werden – nach 1–2 Minuten –, sind sie fertig. Mit dem Schaumlöffel herausnehmen und auf Küchenpapier abtropfen lassen. Mit Salz und Cayennepfeffer bestreuen und servieren.

PSAROSPANAKO DOLMATHÁKIA

SPINATTASCHEN MIT FISCHPILAW

Die Anregung zu diesem Gericht gaben die richtige Zeit, der richtige Ort und die Reste eines anderen Gerichts. Die Zeit ist der Vorabend des einundzwanzigsten Jahrhunderts, an dem viele Gerichte wiederentdeckt, neu kombiniert und neu erfunden werden. Der Ort sind die griechischen Inseln, wo das einfache Leben in einer kargen Landschaft sich mühelos mit ein wenig orientalischer Raffinesse verbindet. Die Reste stammen von dem Gericht Barsch mit Gemüse (das Rezept dazu auf Seite 96). Als Ergebnis präsentiert sich ein altes Gericht in einer neuen Verpakkung, das vermutlich schon viele Male zuvor auf ebendiesen griechischen Inseln neu erfunden worden ist.

Gedünsteter Fisch, edler Räucherlachs oder Dosenlachs eignen sich gut für diese Taschen. Man serviert sie heiß mit einer Eier-Zitronen-Sauce (Seite 104) als ersten Gang für sechs Personen oder als Mittagessen für vier Personen oder ohne Beilage und kalt als köstliches Hors-d'œuvre. Falls Sie das Gericht im Frühjahr zubereiten, sollten Sie den Saft von Sevillaorangen (Bitterorangen) verwenden und für die Eier-Zitronen-Sauce statt Zitrone Orangensaft nehmen.

ERGIBT ETWA 24 PORTIONEN

24 (oder mehr) große makellose Spinatblätter, gewaschen und ohne Stiele
1 mittelgroße Stange Lauch, geputzt und das Weiße kleingehackt
4 Eßlöffel fruchtiges Olivenöl
100 g Langkornreis
250 g übriggebliebener Kochfisch oder abgetropfter Dosen- oder Räucherlachs
100 g mizíthra-Käse oder Ricotta oder Hüttenkäse
25 g feingehackte glattblättrige Petersilie
25 g feingehackter frischer Dill
25 g Frühlingszwiebel, das Weiße und das helle Grün kleingehackt
Salz und frisch gemahlener schwarzer Pfeffer
2 Sevillaorangen (Bitterorangen) oder 1 Zitrone und 1 süße Orange

Die Spinatblätter in kochendes Wasser tauchen, nur jeweils ein paar auf einmal, und etwa 1 Minute blanchieren – gerade lange genug, um sie so geschmeidig zu machen, daß man sie einrollen kann. Mit einem Schaumlöffel oder mit Eßstäbchen herausnehmen und in kaltes Wasser legen. Abtropfen lassen, anschließend flach auslegen.

In einer schweren Bratpfanne den gehackten Lauch in 3 Eßlöffeln Olivenöl bei niedriger Hitze braten, bis er glasig wird. Den Reis einstreuen und sautieren, bis auch er glasig wird. 125 bis 175 ml Wasser einrühren, dabei jeweils etwa 50 ml auf einmal zugeben. Warten Sie, bis das Wasser ganz aufgesaugt ist, bevor Sie neues hinzugießen. Wenn der Reis fast – aber nicht ganz – gar ist, die Pfanne von der Kochstelle nehmen. Den Reis mit Fisch, Käse, Kräutern und Frühlingszwiebel vermischen und würzen.

Ein Spinatblatt glatt auslegen und einen Löffel von der Reismischung auf den breitesten Teil des Blattes geben. Das Blatt locker aufrollen, die Seiten nach der ersten Drehung über die Mitte falten. Das Ergebnis sollte ein ordentliches kleines Päckchen sein, in dem gerade so viel Platz ist, daß der Reis noch etwas aufquellen kann. Den Vorgang so oft wiederholen, bis die Füllung aufgebraucht ist.

Mit den übriggebliebenen blanchierten Spinatblättern und ein paar dünn geschnittenen Streifen Orangen- (oder Zitronen-)Schale den Boden einer Keramikschüssel oder einer ofenfesten Backschüssel auslegen. Die *dolmathákia* in einer einzigen Schicht auslegen, so daß sie einander berühren. Mit dem restlichen Eßlöffel Olivenöl beträufeln. Den Saft der Orangen (und, falls verwendet, der Zitrone) auspressen, erhitzen und über die *dolmathákia* gießen. Falls der Saft nicht bis fast an die Oberfläche reicht, den Rest mit heißem Wasser auffüllen.

Das Ganze gut abdecken und in einem auf 180°C vorgeheizten Backofen etwa 25–30 Minuten garen. Heiß mit Eier-Zitronen-Sauce (s. Seite 104) – oder kalt ohne Sauce – servieren.

FÁVA ME LAHANIKÁ

DIP AUS HALBEN GELBEN ERBSEN MIT ROHEM GEMÜSE

Es ist nicht ungewöhnlich, daß man in einer einfachen Inseltaverne nur *fáva*, *keftéthes*, Fleischklößchen, *féta* und Tomaten zu essen bekommt. Ein mir bekannter Traditionalist behauptet, daß es sich bei dieser *fáva* nicht um eine richtige *fáva* handelt, weil sie in ihrem Wesen verändert worden sei: Aus dem bescheidenen Gericht sei etwas anderes geworden. Das Püree aus halben Erbsen wird normalerweise auf einen Teller gehäuft, dann gießt man Öl darüber und benutzt entsprechend zugeschnittene Zitronen- und Zwiebelstücke als Schaufel. Ich mag die *fáva* in jedem Fall: in ihrer unveränderten alten, aber auch in ihrer abgewandelten neuen Erscheinungsform.

Für 6–8 Personen

175 g gelbe halbe Erbsen, über Nacht in kaltem Wasser eingeweicht
eine Prise Natron
125 g Zwiebeln, grob gehackt
5 Knoblauchzehen, geschält, 1 Zehe sehr fein gehackt oder zerdrückt
Salz
fein geriebene Schale und Saft 1 großen Zitrone
125–175 ml fruchtiges Olivenöl

Beilage
gemischtes rohes Gemüse, wie zum Beispiel Zucchini, Karotten, Sellerie, Rüben und Zwiebeln, in Stifte geschnitten

Die eingeweichten halben Erbsen abtropfen lassen und mit kaltem Wasser in einen Kochtopf geben. Das Natron hinzugeben – nicht mehr als eine Prise – und zum Kochen bringen. Die Erbsen abgießen, wieder mit kaltem Wasser bedecken und zum Kochen bringen.

Die Zwiebeln und 4 ganze Knoblauchzehen zugeben. Abdecken und etwa 1½ Stunden köcheln lassen, bis die Erbsen vollständig zu Brei werden. Achten Sie darauf, daß das Wasser nicht verkocht, andererseits sollten die Erbsen nicht ›ertränkt‹ werden. Gegen Ende kann man etwas nachhelfen und sie zu Brei zerdrücken.

Wenn die Erbsen gar sind, den Topf von der Kochstelle nehmen. Nun die Erbsen gut salzen und erkalten lassen, anschließend zu Püree zerstampfen und aufschlagen, die zerdrückte oder sehr fein gehackte Knoblauchzehe sowie die geriebene Schale und den Saft der Zitrone hinzugeben. Das Öl beifügen, immer nur wenig auf einmal, so lange, bis das Püree genug aufgesaugt hat. Abschmecken. Mit Gemüse garniert zum Stippen servieren.

SCORTHOSTOÚMBI

EINGELEGTER KNOBLAUCH UND KNOBLAUCHESSIG

Eingelegter Knoblauch eignet sich wunderbar als Snack, als Horsd'œuvre oder als Garnierung. Es lohnt sich, ihn statt der klassischen Olive in einem Martini zu versuchen. Auch der zum Einlegen verwendete Essig schmeckt wunderbar im Salat oder eignet sich als Würze. Es gibt wohl in ganz Griechenland keinen einzigen Hafenarbeiter, der seine *fasolátha*, Bohnensuppe, oder *patsás*, Kuttelsuppe, in den dunklen und müden frühen Morgenstunden nicht mit *scorthostoúmbi* verfeinert.

Ich habe den eingelegten Knoblauch in Griechenland als besonders nützlich empfunden, wenn der Knoblauchvorrat in den Wintermonaten zur Neige ging. Heute wird der Knoblauch natürlich sogar aus dem fernen Argentinien nach Griechenland importiert, wenn seine Saison hier vorüber ist. Ich bevorzuge für dieses Rezept frischen Frühlingsknoblauch, knackig und makellos.

Ergibt einen Liter

6 gute Knoblauchzwiebeln, etwa 200 g, geschält
4 kleine Zweige frischer Thymian
1 Teelöffel Pfefferkörner
2 Streifen Zitronenschale, etwa 5 cm lang
¼ Teelöffel Zitronensäure
700 ml guter Weinessig
1 kleiner scharfer frischer Chili, ganz

Ein 1-Liter-Glasgefäß in kochendem Wasser sterilisieren. Die Knoblauchzehen mit dem Thymian, den Pfefferkörnern und den Zitronenschalenstreifen schichtweise hineinlegen. Die Zitronensäure in dem Essig verdünnen und über den Knoblauch gießen. Den Chili darauflegen, das Gefäß abdecken und zwei Wochen in einem dunklen Schrank oder im Kühlschrank lagern; erst dann öffnen.

Idyllische Weidelandschaft *Eine Ziege läßt sich in einem sonnenbeschienenen Olivenhain das saftige Gras schmecken.*

ANGINÁRES TARAMÁ

KALTE ARTISCHOCKEN MIT TARAMA-MAYONNAISE

Meine Freundin Pheni hatte eine alte Tante mit dem Spitznamen ›Madame la marquise‹; sie begrüßte Pheni stets mit den Worten: »Du darfst mir einen Kuß geben, aber ich habe jetzt keine Zeit, mit dir zu sprechen.« Als ›Madame la marquise‹ endlich doch noch die Zeit fand, mit ihrer Nichte zu sprechen, stellte sie fest, daß Pheni bereits eine erwachsene Frau war, charmant und in jeder Beziehung überragend. Um die verlorene Zeit wiedergutzumachen, gab die ›Marquise‹ Pheni das folgende Rezept.

Der *taramosaláta* kann als vollständige Mahlzeit, mit Brot und rohem Gemüse, serviert werden. In diesem Fall sollte man jedoch die dreifache Menge zubereiten, sonst wird er in Sekundenschnelle ›verdrückt‹ werden. Er sieht hübsch aus, wenn man ihn im Kelch von Artischockenblättern serviert, was ich selbst nur selten tue, weil ich diese zarten Innenblätter liebe.

Diese Variante des *taramosaláta* ist wesentlich leichter als die meisten Zubereitungsarten, da kein Brot hineinkommt. Das bedeutet aber auch, daß er dazu neigt, klumpig zu werden. Für diesen Fall empfiehlt die ›Marquise‹, eine kleine, zerdrückte gekochte Kartoffel beizugeben und im weiteren so zu verfahren, als ob nichts geschehen sei.

FÜR 6 PERSONEN

6 kleine frische Artischocken
2 große saftige Zitronen, zusammen etwa 250 g
Salz und frisch gemahlener weißer Pfeffer
40 g taramá (s. Seite 12), wenn nötig, gewaschen, oder
50 g geräucherter, gehäuteter Kabeljaurogen
1 Eßlöffel fein geriebene Zwiebel
250 ml fruchtiges Olivenöl

Zum Säubern der Artischocken die Stiele vollständig abschneiden, alle zähen, unansehnlichen äußeren Blätter entfernen und das obere Drittel der eigentlichen Blütenknospe abschneiden. Die Blätter etwas auseinanderdrükken und unter kaltem fließenden Wasser spülen. Die bereits gesäuberten Artischocken in einer großen Schüssel Wasser mit einem Spritzer Zitrone oder einem Schuß Essig aufbewahren, damit sie nicht an Farbe verlieren.

Die Artischocken mit der Oberseite nach unten nebeneinander in einen großen Topf legen und so viel kochendes Wasser zugießen, daß sie bis zu einem Viertel im Wasser stehen. Salzen und je nach Alter und Größe 15–40 Minuten köcheln lassen, bis das Herz recht zart ist, wenn man mit einer Gabel hineinsticht. Abgießen und unter kaltem Wasser abschrecken; abkühlen lassen.

DEKORATIVES BASILIKUM *Diese Pflanze sieht man häufig auf den Fensterbänken der Inselhäuser. Die Menschen schätzen es wegen seiner dekorativen Wirkung.*

Die *taramá* oder den geräucherten Kabeljaurogen mit der geriebenen Zwiebel aufschlagen. Sie können das bequem in einem Mixer machen. Schließlich die Schale einer Zitrone fein reiben und mit 2 Teelöffeln kochendheißem Wasser unterrühren.

Den Saft der zwei Zitronen auspressen. Abwechselnd Zitronensaft und Olivenöl hineinträufeln, jede Zugabe unterschlagen, bevor die nächste folgt, so als wollte man Mayonnaise machen – vielleicht ist nicht das ganze Öl notwendig. Wenn Sie mit der Hand rühren, brauchen Sie Ausdauer und Kraft, damit die *taramá* gut und leicht wird. Mit Pfeffer abschmecken. Die Artischocken öffnen und zuerst die inneren, weichen Blätter, danach das haarige Innenstück entfernen. Die *taramá* mit einem Löffel in den Blätterkelch füllen.

SALINGÁRIA

SCHNECKEN IN TOMATENSAUCE

Während der trockenen Monate Juli, August, September, wenn das wilde Blattgemüse verdorrt ist, sieht man in den ländlichen Gegenden Griechenlands noch immer vereinzelt Menschen aufmerksam nach vorn gebeugt einer Sammeltätigkeit nachgehen – diesmal werden Schnecken gesucht. Tatsächlich wird dies hierzulande als gute Methode betrachtet, um den Garten von Schnecken freizuhalten, vorausgesetzt, es werden keine schädlichen Pestizide verwendet, die man dann wieder mit der Nahrung aufnimmt – und vorausgesetzt, die Schnecken werden richtig gesäubert *(siehe Anmerkung)*.

Offene Kisten mit schlafenden Schnecken, die in den Bergen von Kreta gesammelt wurden, findet man bei unserem *bakáliko*, dem Lebensmittelhändler. Die Griechen können ganze Teller voll von diesen Schnecken essen, und 10–12 Schnecken pro Person würden niemals reichen, zumal die griechischen viel kleiner sind als die riesigen französischen Arten, die man anderswo kennt. Wenn man sie, wie die Griechen, schätzen gelernt hat, sollte man die Mengen entsprechend vergrößern. Unter Zugabe von 140 g Reis und 250 ml Wasser erhält man einen Pilaw, der sich als Hauptgang eignet.

Da in vielen Ländern* die Schnecken unter Naturschutz stehen und das Sammeln verboten ist, empfehle ich hier alternativ die Verwendung von Dosenschnecken.

FÜR 4–6 PERSONEN

200 g Dosenschnecken

TOMATENSAUCE

1 große Zwiebel, 250 g, fein gehackt
3–4 Eßlöffel Olivenöl
600 g Tomaten, gehäutet, entkernt und kleingeschnitten
2 feingehackte Knoblauchzehen
¼ Teelöffel frisch gemahlener Zimt
½ Teelöffel frisch gemahlener schwarzer Pfeffer
Salz
1 Lorbeerblatt, zerpflückt
15 g feingehackte frische Minzblätter
50 ml oúzo oder ein anderer Anisschnaps

Für die Zubereitung der Tomatensauce die Zwiebeln in dem Olivenöl bei niedriger Hitze anbraten, bis sie glasig werden. Tomaten, Knoblauch, Zimt, Pfeffer, Salz, Lorbeerblatt, Minze und den *oúzo* zugeben, abdecken und 10 Minuten köcheln lassen.

Die Dosenschnecken abspülen und abtropfen lassen und anschließend zusammen mit den Gehäusen, die separat verkauft werden, in die Sauce geben. 40 Minuten köcheln lassen, bis sie weich sind. Schnecken zu essen ist keine vornehme Angelegenheit. Man hält sie mit den Fingern und saugt das Fleisch aus. Bei einigen muß man eventuell mit einem Zahnstocher etwas nachhelfen. Tunken Sie die Sauce mit knusprigem Brot auf, und genießen Sie es!

Anmerkung: Schlafende Schnecken reinigen vorteilhafterweise selbst ihr Inneres, und in kalten Ländern können Schnecken nach dem Winterschlaf im Spätwinter gesammelt werden. Falls sie jedoch wach sind und herumkriechen, wenn man sie sammelt, muß man sie reinigen. Es könnte gefährlich sein, dies zu unterlassen, denn möglicherweise haben sie kurz zuvor etwas zu sich genommen, das für den Menschen giftig ist.

Am einfachsten lassen sie sich reinigen, wenn man sie in einem zugedeckten Eimer an einen kühlen trockenen Platz stellt und sie hungern läßt, bis sich über der Öffnung eine kalkartige Membrane bildet – nach etwa 2 Wochen.

* *Dazu zählt auch die Bundesrepublik Deutschland*

BISCÓTA-KÍMINO

KREUZKÜMMELKEKSE

Als meine Freundin Martha aus Texas erfuhr, daß ich an diesem Buch schrieb, bat sie mich, im Rahmen eines Rezeptes die folgende kleine Anleitung zu zitieren:

Ein bißchen oúzo in der Moussaka
ein bißchen oúzo im Koch oder in der Köchin
auf einer Terrasse servieren
mit einem herrlichen Panorama drumherum

... und genau das mache ich mit diesen Keksen. Sie schmecken himmlisch bei Sonnenuntergang, wenn man sie in ein Glas *oúzo* stippt.

ERGIBT ETWA 36 STÜCK

500 g Mehl, zusätzliches Mehl zum Ausrollen
125 g feiner Kristallzucker
½ Teelöffel Salz
fein geriebene Schale von 2 mittelgroßen Zitronen
2 mittelgroße Eier, geschlagen
50–100 ml oúzo oder ein anderer Anisschnaps
3 Eßlöffel Kreuzkümmelsamen, leicht geröstet, dann im Mörser grob zerkleinert
1½ Teelöffel Backpulver

Mehl zusammen mit Zucker, Salz und der geriebenen Zitronenschale in eine Rührschüssel geben. Die Eier mit der kleineren Menge *oúzo* (man kann später mehr nehmen, falls der Teig zu trocken wirkt) schaumig schlagen. Die Masse unter die trockenen Zutaten kneten, bis alles gut aufgesaugt ist. Das Backpulver zu den zerkleinerten Kümmelsamen geben und dann alles gründlich mit dem Teig vermischen.

Auf einer gut mit Mehl bestäubten Fläche die Hälfte des Teigs zu einer Wurst formen, etwa 45 cm lang. Falls er zu fest ist, liegt es vermutlich an zu viel Mehl, und man sollte etwas mehr *oúzo* zugeben. Den geformten Laib auf ein eingefettetes oder antihaftbeschichtetes Backblech legen und genauso mit der anderen Teighälfte verfahren. Die beiden Laibe in ausreichendem Abstand voneinander legen, damit sie aufgehen können.

Die Laibe in einem auf 180° C vorgeheizten Backofen 45–50 Minuten backen. Herausnehmen, 10 Minuten abkühlen lassen und dann in 2,5 cm dicke Scheiben schneiden. Die Scheiben in einer Schicht auf das Backblech legen und zum Austrocknen wieder in den Backofen schieben – für etwa 10 Minuten; nach 5 Minuten einmal wenden. Wenn man sie zu sehr austrocknen läßt, werden sie steinhart, sind sie dagegen nicht trocken genug, halten sie sich nicht gut. Wie alles im Leben sollten sie gerade richtig sein. Abkühlen lassen und in einem luftdichten Behälter aufbewahren.

VERÍKOKA YEMISTÁ

GERÄUCHERTE FORELLE IN APRIKOSEN

Die Ägypter waren der Ansicht, daß die Griechen das Räuchern als Mittel zur Konservierung von Nahrungsmitteln erfunden hätten, und bis auf den heutigen Tag verstehen die Griechen sich ausgezeichnet darauf. Geräucherte Forelle sollte beim Kauf fest sein – nicht weichlich –, und sie sollte nicht zu stark geräuchert sein. Die auf den Inseln gereiften – sonnengereiften – Aprikosen sind ein Gedicht. Wenn man solche Aprikosen bekommt, beziehungsweise welche, die nicht zu hart sind, so daß sie nachreifen können, oder zu weich und geschmacklos, dann schmecken diese Häppchen wie der Frühling selbst.

Sie lassen sich genausogut mit Räucheraal und Pfirsich- oder Nektarinenhälften zubereiten.

ERGIBT 24 STÜCK

12 süße und saftige Aprikosen
1 geräucherte Forelle, etwa 250 g, gehäutet, filetiert und zerlegt
½ Gurke, etwa 250 g, geschält, entkernt und gewürfelt
1 Frühlingszwiebel, fein gehackt (etwa 2 Teelöffel)
1 Eßlöffel feingehackter frischer Dill
1 Teelöffel frischer Zitronensaft
1 Eßlöffel fruchtiges Olivenöl
Salz und frisch gemahlener schwarzer Pfeffer

Die Aprikosen waschen und längs halbieren. Die Steine entfernen. In einer Rührschüssel die zerlegte Forelle, Gurke, Zwiebel, Dill, Zitronensaft und Olivenöl vorsichtig vermengen und würzen. Einen Löffel voll von dem Salat auf jede Aprikosenhälfte geben und hübsch auf einem Servierteller arrangieren.

KATSIKÁKI PATÉ

LAMM- ODER ZICKLEINTERRINE

Bei unserem Inselmetzger kann man ein ganzes oder ein halbes Zicklein kaufen. Es gibt hier wenige Fleischstücke, die eine exakte Bezeichnung haben, was mich glücklicherweise dazu bringt, mir Verwendungsmethoden für die abgeschnittenen Reststücke auszudenken. Man sollte mit seinem Metzger sprechen, welche preiswerten Lamm- oder Reststücke sich für diese Terrine verwenden lassen, die sofort zubereitet und einige Tage später gegessen werden sollte. Sie eignet sich vortrefflich als Mittagessen an einem sonnigen Frühlingstag, vor allem zum Picknick, mit Tomatensuppe, Oliven, Kapern, sauren Gurken und köstlichem Landbrot.

Aus den übrigbleibenden Lammhaxen läßt sich ein schönes Mittagessen für zwei Personen zubereiten. Man kann sie kalt oder heiß servieren, mit gekochtem Gemüse und etwas Brühe oder Jus.

FÜR 8 PERSONEN

500 g Lamm- oder Zickleinfleisch, ohne Fett, Knorpel und Sehnen, in Würfel geschnitten
½ Teelöffel frische Thymianblätter oder ¼ Teelöffel getrockneter Bergthymian (s. Seite 16)
4 Eßlöffel Cognac
2 mittelgroße Eier
350 ml dicker Joghurt, Sauerrahm oder Crème fraîche
1 Eßlöffel Olivenöl
1 Teelöffel Salz
½ Teelöffel gemahlener weißer Pfeffer
50 g Pinienkerne
4 Lorbeerblätter

JUS

2 Lamm- (oder Zicklein-)haxen
1 Kalbshaxe, zerkleinert
1 mittelgroße Zwiebel, in die man eine Gewürznelke steckt
1 Karotte
1 Handvoll Petersilienstiele (warum sollte man sie wegwerfen?)
1 Handvoll Selleriespitzen und -blätter
2 Lorbeerblätter
10 schwarze Pfefferkörner
Salz

Die *pelté* oder Jus für dieses Gericht sollten Sie am Vortag zubereiten, da sie sich am besten im erkalteten Zustand abschöpfen läßt. Die Lamm-(oder Zicklein-)Haxen mit dem Kalbsknochen in einen Topf geben und etwa 1 Liter kaltes Wasser zugießen, bis alles bedeckt ist. Ohne Deckel zum Kochen bringen (damit die Brühe nicht trübe wird). Abschöpfen, danach die restlichen Zutaten beigeben. 2–3 Stunden köcheln lassen, bis die Flüssigkeit auf etwa die Hälfte reduziert ist. Durch Gaze oder Musselin passieren und abkühlen lassen.

In der Zwischenzeit das gewürfelte Fleisch mit Thymian und Cognac vier Stunden bei Zimmertemperatur (oder über Nacht im Kühlschrank) marinieren.

Das Fleisch im Mixer oder per Hand möglichst fein hacken. Die Eier nacheinander hineinschlagen, dann Joghurt zugeben, Sauerrahm oder Crème fraîche und schließlich die Pinienkerne, Olivenöl, Salz und Pfeffer. Alles gut vermischen.

Die Seiten und den Boden einer 850 ml fassenden Form aus Ton oder ofenfestem Glas einfetten. Die Fleischmischung hineingeben und die Lorbeerblätter in einem Muster darauf arrangieren. Mit Folie abdecken.

Geben Sie die Form in eine Kasserolle, und füllen Sie diese mit kochendem Wasser, bis die Form halb im Wasserbad steht.

Die Terrine in einem auf 180° C vorgeheizten Backofen 1¼–1½ Stunden garen. Sie ist fertig, wenn die an die Oberfläche steigende Flüssigkeit klar wird. Aus dem Backofen nehmen und mit einer Abdeckung beschweren, die in den Rand der Form paßt. Nach dem Abkühlen in den Kühlschrank stellen.

Am nächsten Tag das Fett des Fleischsaftes, das sich oben abgesetzt hat, entfernen und die Terrine mit der wieder erwärmten Jus begießen, bis alles gut bedeckt ist. Erneut erkalten lassen. Schmeckt am besten nach drei oder vier Tagen.

RÉVA ME VROÚVES

RÜBCHEN MIT BLATTGEMÜSE

Wer nicht selbst Rübchen im Garten hat, wird sie wahrscheinlich nicht mit ihrem eigenen, herrlichen Grün kochen können. Senfblätter bieten sich als gute Alternative an, aber auch von Grünkohl über Brunnenkresse bis hin zu Römischem Salat oder Frühlingsgemüse ist alles einen Versuch wert. Das folgende Gericht ist eine köstliche und einfache Beilage zu jedem gegrillten und gebratenen Fleisch.

FÜR 4–5 PERSONEN

1 Knoblauchzehe, halbiert
2–3 Eßlöffel Olivenöl
4 weiße Rübchen, zusammen 500 g, geschält, halbiert und in dünne Scheiben geschnitten
Salz und frisch gemahlener schwarzer Pfeffer
geriebene Schale und Saft von 1 Zitrone
350 g Senfblätter oder eine Mischung zu gleichen Teilen aus Grünkohl und Brunnenkresse, grob gehackt

In einem großen Kochtopf die halbierte Knoblauchzehe in dem Olivenöl braun anbraten, dann herausnehmen. Die in Scheiben geschnittenen weißen Rübchen ins Öl geben und mit Salz und der geriebenen Zitronenschale bestreuen. 5 Minuten sautieren.

Das gehackte Blattgemüse zugeben, mit Pfeffer bestreuen und mit dem Zitronensaft beträufeln. Zugedeckt 1–2 Minuten garen. Von der Kochstelle nehmen und zugedeckt 10 Minuten zu Ende dünsten lassen.

RÉVA ME VROÚVES

FAKI ME SPANÁKI

LINSENSUPPE MIT SPINAT

Es ist üblich, Linsensuppe mit einer Flasche Essig, *scorthosthoúmbi*, zu servieren, von dem man sich am Tisch etwas in den Teller gießt. Ich streue mir auch gern ein wenig frisches Basilikum über die Suppe. Und ich habe meistens Oliven und Kapern auf dem Tisch, die ich nach Belieben zugebe.

FÜR 6–8 PERSONEN

350 g große grüne oder braune getrocknete Linsen, 2 Stunden in kaltem Wasser eingeweicht
250 g Zwiebeln, gehackt
1 mittelgroße Stange Lauch, geputzt und gehackt
3 Eßlöffel Olivenöl
250 g Karotten, gewürfelt
300 g weichkochende Kartoffeln, gewaschen und gewürfelt
6–7 Knoblauchzehen (40 g), in Scheiben geschnitten
100 g feingehackte glattblättrige Petersilie
2 Lorbeerblätter
1 Gewürznelke
1 Eßlöffel Bergthymian (s. Seite 16)
1 Teelöffel Oregano (s. Seite 15)
1 Teelöffel frisch gemahlener schwarzer Pfeffer
Salz
1 kg Spinat, die dicken Stiele entfernt und gewaschen
40 g frische Lorbeerblätter, gehackt

In einem großen, etwa 7 Liter fassenden Topf die gehackten Zwiebeln und den gehackten Lauch in Olivenöl bei niedriger Hitze anbraten, bis sie glasig sind. Die Karotten, Kartoffeln, den Knoblauch, die Petersilie, die Lorbeerblätter, die Gewürznelke, den Thymian und den Oregano zugeben und mit Pfeffer bestreuen. Bei mittlerer Hitze ein paar Minuten umrühren.

Die Linsen abtropfen lassen und abspülen. In das Gemüse einrühren und 3 Liter Wasser zugießen. Köcheln lassen, bis die Linsen weich sind – etwa 40–50 Minuten. Geben Sie das Salz erst am Ende dazu, sonst brauchen die Linsen eine viel längere Kochzeit oder werden vielleicht gar nicht weich.

Salzen, den Spinat hacken und unterrühren. Servieren, sobald der Spinat weich geworden ist. Eventuell mit Basilikum zum Bestreuen reichen.

TAHINÓSOUPA

SESAMSUPPE MIT SAFRAN UND KNOBLAUCH

Dieses einfache, schlichte und nahrhafte Gericht ist ein klassisches Beispiel für den Einfallsreichtum, der während der Fastenzeit in der Küche an den Tag gelegt wird. Ich lasse die Safranfäden am liebsten unversehrt in einem ockergelben Meer aus Suppe schwimmen. Wenn man es noch schöner gestalten möchte, gebe man Kapuzinerkresse in jeden Teller.

FÜR 6 PERSONEN

1,5 Liter Kräuterbrühe (s. Seite 37) oder Wasser
Salz und frisch gemahlener schwarzer Pfeffer
75 g Langkornreis
30 Safranfäden, eingeweicht in 50 ml kochendem Wasser
250 g tahini (Sesampaste/Tahin)
feingeriebene Schale von 1 Zitrone und 1 Teelöffel Saft
2 Knoblauchzehen, fein gehackt
15 g glattblättrige Petersilie, fein gehackt

Die Kräuterbrühe oder das Wasser zum Kochen bringen, salzen und den Reis zugeben. 15 Minuten kochen lassen. Wenn er fast gar ist, den Safran mit seiner Flüssigkeit zufügen.

In der Zwischenzeit die Sesampaste zusammen mit 125 ml kaltem Wasser, der feingeriebenen Zitronenschale, einem Eßlöffel Zitronensaft und dem Knoblauch verrühren.

Wenn der Reis gar ist, langsam 2 Schöpflöffel Safranbrühe in die *tahini* geben, vermischen und anschließend das Ganze in den Topf zurückgießen. Gut umrühren und beim Servieren jeden Teller mit ein wenig gehackter Petersilie garnieren.

SOÚPA-MANITÁRIA

PILZSUPPE

Stellen Sie sich vor, Sie leben in einer Schäferhütte am hintersten Zipfel einer entlegenen griechischen Insel. Auf der Fensterbank wachsen Kräuter in Tontöpfen, und vor der Hütte liegt ein kleiner Gemüsegarten. An den Dachbalken hängen in einer Reihe reifende Käselaibe und Säcke mit Gerste, Reis und Weizen. Getrocknete Knoblauch-, Zwiebel- und Tomatenzöpfe schmücken die gekalkten Wände. In der Ecke steht ein Eimer Ziegenmilch. Draußen grasen die Schafe und Ziegen und fressen dieselben Pflanzen, die der Schäfer als Gemüse oder Salat zu sich nimmt, und der Pinienwald ist durchzogen vom leicht modrigen Geruch der Pilze. Damit hätten wir die richtige Kulisse für diese Suppe.

FÜR 4–5 PERSONEN

700 g frische Waldpilze, zum Beispiel Pfifferlinge, oder die gleiche Menge Zuchtpilze, dazu 40 g getrocknete Waldpilze, wie zum Beispiel Steinpilze
Salz
6 sonnengetrocknete Tomaten, zerdrückt (s. Seite 16), oder 1½ Eßlöffel Tomatenmark
100 g Zwiebeln, in dünne Scheiben geschnitten
50 ml fruchtiges Olivenöl
2 Knoblauchzehen, fein gehackt
50 g glattblättrige Petersilie oder Selleriespitzen und -blätter, gehackt
1,5 Liter Kräuterbrühe (s. Seite 37) oder eine andere Brühe
25 g Gerstenflocken oder Perlgraupen
250 ml Ziegenmilch, Kräuterbrühe oder Wasser
frisch gemahlener schwarzer Pfeffer

Falls Sie getrocknete Pilze verwenden, weichen Sie sie mit ½ Teelöffel Salz 30 Minuten lang in heißem Wasser ein. Die Flüssigkeit durch ein mit feuchtem Musselin ausgelegtes Sieb geben und aufbewahren. Die eingeweichten Pilze unter fließendem Wasser abspülen, anschließend grob hacken.

Die frischen Pilze mit Salz bestreuen und ein paar Minuten ziehen lassen, anschließend mit einem feuchten Tuch abreiben. In Griechenland sind die Pilze oft sehr schmutzig, und es ist nötig, sie ein paar Minuten in etwas Salzwasser einzuweichen, damit sich der Schmutz löst, bevor man sie abreibt und in Scheiben schneidet.

LASTTIER *Auf den Inseln sind Esel unentbehrlich für den Transport von landwirtschaftlichen Produkten und Waren.*

Die trockenen Tomaten mit der Küchenschere in kleine Stücke schneiden und in 125 ml kochendheißer Kräuterbrühe (oder einer anderen Brühe) 30 Minuten lang einweichen. Die Flüssigkeit zu der zurückbehaltenen Flüssigkeit der Pilze geben. Das Fruchtfleisch der eingeweichten Tomaten im Mörser zu einem groben Brei zerstampfen.

In einem Topf mit dickem Boden die Zwiebeln bei niedriger Hitze in Olivenöl anbraten, bis sie glasig wird. Die Pilze – die frischen wie auch die getrockneten – und Knoblauch zugeben und 2 Minuten umrühren. Den Tomatenbrei, die Petersilie oder Sellerie und die zurückbehaltene Flüssigkeit hinzufügen und noch einmal 2 Minuten umrühren. Die Kräuterbrühe und die Gerstenflokken (oder Perlgraupen) hineinschütten und 30 Minuten köcheln lassen. Die Ziegenmilch dazugeben und das Ganze bei niedriger Hitze 2–3 Minuten rühren, ohne daß es kocht. Mit Pfeffer und Salz, wenn nötig, abschmecken. Knuspriges Brot und einen grünen Salat als Beilage reichen.

DOMATÓSOUPA

TOMATENSUPPE

Wenn man mit einem Leiden zu Angeliki, einer feenhaften *yiayiá* (Großmutter), geht, bedauert sie dich und schickt dich fort. Am nächsten Tag erzählt sie dir, sie habe geträumt, du solltest auf den Berg gehen, dieses und jenes pflücken, einen Tee daraus zubereiten und ihn eine Woche lang jeden Tag trinken. Ihre Heilmittel helfen manchmal, schaden niemals und schmecken immer gut, wie die Kräuterbrühe zu diesem Rezept.

FÜR 4–6 PERSONEN

1 große, milde Gemüsezwiebel, fein gehackt
1 mittelgroße Stange Lauch, gewaschen und fein gehackt
3 Eßlöffel fruchtiges Olivenöl
600 g Tomaten, gehäutet, entkernt und fein gehackt
3 sonnengetrocknete Tomaten, aufgeschnitten und in 125 ml kochendem Wasser eingeweicht, oder 2 Teelöffel Tomatenmark
1 Teelöffel Zucker
1 Knoblauchzehe, fein gehackt
feingeriebene Schale von ½ Orange
2 Eßlöffel feingehackte frische Minze
350 ml dicker Joghurt oder Sauerrahm
1 gehäufter Eßlöffel Mehl
frisch gemahlener Pfeffer
Salz
25 g feingehackte glattblättrige Petersilie

KRÄUTERBRÜHE

2 Eßlöffel frisch gehackter Thymian oder 1 Eßlöffel getrockneter Thymian
2 Lorbeerblätter
2 Eßlöffel frischer Majoran oder 1 Eßlöffel getrockneter Oregano
1 Stengel frische Petersilie
2 Streifen Zitronenschale, etwa 5 cm lang
100 g Zwiebeln
4 Knoblauchzehen
1 ganzer kleiner scharfer getrockneter roter Chili oder ½ Teelöffel Cayennepfeffer
10 schwarze Pfefferkörner
1 Gewürznelke
1 kleines Stück Zimtrinde
Salz

Wer eine schnelle und einfache Suppengrundlage möchte, der kann alle Zutaten der Brühe in eine Kasserolle mit 1,2 Liter Wasser geben und aufkochen. 10–15 Minuten köcheln lassen, seihen und verwenden.

Zur Zubereitung der Tomatensuppe die Zwiebeln und den Lauch in Olivenöl in einem Suppentopf mit dickem Boden bei niedriger Hitze anbraten, bis sie glasig werden. Die gehackten Tomaten dazugeben. Die sonnengetrockneten Tomaten im Mörser mit der Flüssigkeit zu einer Paste zerstampfen (sie muß nicht ganz glatt sein), dann zusammen mit dem Zucker in den Topf geben (oder das Tomatenmark verwenden). 2–3 Minuten bei mittelstarker Hitze weiterkochen lassen. Den Knoblauch, die geriebene Orangenschale und die Minze zugeben und weitere 2–3 Minuten unter ständigem Rühren kochen lassen. Nach und nach die Kräuterbrühe zugießen und im geschlossenen Topf 30–45 Minuten köcheln lassen. (Bis hierher können Sie die Suppe im voraus zubereiten.)

In einer Schüssel den Joghurt (oder Sauerrahm) und das Mehl geschmeidig schlagen. Langsam und gleichmäßig nacheinander zwei Schöpflöffel heiße Suppe zugießen, dabei weiterschlagen. Anschließend alles unter ständigem Rühren zurück in die Suppe gießen. Bei sehr niedriger Hitze 7–10 Minuten weiterrühren. Nicht kochen lassen, sonst gerinnt der Joghurt.

Abschmecken, anschließend die frische Petersilie zugeben. Sofort mit knusprigem Landbrot servieren. Ein grüner Salat, Oliven und eine Scheibe *féta*-Käse passen gut dazu.

DOMATÓSOUPA, *links oben*, KOLOKYTHÓSOUPA, *links unten* (S. 38)

KOLOKYTHÓSOUPA

KÜRBISSUPPE

Kürzlich kam meine Nachbarin zu mir und bat mich um ein Rezept für Kürbissuppe. Mit dem größten Vergnügen gab ich ihr das folgende, war jedoch verblüfft, als sie später mit einem Topf voll geschmackloser Flüssigkeit zurückkehrte. Bevor ich das Rezept zerriß, fragte ich sie, wie sie es zubereitet hatte. Sie hatte vier statt einem Kilo Kürbisse verwendet. Sie hatte keine Zwiebel und nur eine halbe Stange Lauch genommen. Da die Suppe ihr zu dünn erschienen war, hatte sie den größten Teil der Brühe abgeschüttet. Und sie hatte alte Gewürze benutzt, die jegliches Aroma verloren hatten. Bitte denken Sie immer daran, daß vorgemahlene Gewürze, selbst wenn sie ganz frisch sind, niemals so köstlich intensiv schmekken wie frisch gemahlene. Man sollte vorgemahlene Gewürze in größeren Mengen als angegeben verwenden und sie unbedingt wegwerfen, wenn sie kein Aroma mehr haben.

Das Hellgelb des Kürbisses, das Purpurrot der Zwiebel und das Grün der Petersilie sind ausdrucksvolle Farben, die in dieser Suppe zur Geltung kommen sollten.

Für 6 Personen

1 kg Kürbis, gewürfelt
300 g milde Gemüsezwiebeln, in Scheiben geschnitten
1 große Stange Lauch, das Weiße und der zarte Teil des Grüns in Scheiben geschnitten, 200 g
3 Eßlöffel fruchtiges Olivenöl
gemahlener weißer Pfeffer
Salz
½ Teelöffel frisch gemahlener Koriandersamen
je eine Messerspitze Zimt, Piment und Gewürznelke, alles frisch gemahlen
2 Eßlöffel oúzo oder ein anderer Anisschnaps
900 ml Brühe oder Wasser
250 ml dicker Rahm oder Joghurt
1 Eßlöffel Grieß (wahlweise)

Garnierung

150 g rote Zwiebeln, in dünne Scheiben geschnitten
2 Eßlöffel Olivenöl
50 g glattblättrige Petersilie, gehackt

In einem schweren Suppentopf die Zwiebeln und den Lauch bei niedriger Hitze in dem Olivenöl anbraten, bis sie glasig werden. Den Kürbis zugeben und 2–3 Minuten weiterbraten. Mit Salz, Pfeffer und den Gewürzen bestreuen und weitere 1–2 Minuten braten. Den *oúzo* und etwas Wasser zugießen, damit das Gemüse nicht anbrennt. Die Hitze herunterdrehen und den Kürbis 30–40 Minuten schmoren lassen, bis er zart ist.

Den Topf von der Kochstelle nehmen und das Gemüse im Mixer oder einer Gemüsemühle pürieren. Das Püree zurück in den Topf geben und mit Brühe oder Wasser auffüllen. Die Suppe gut erhitzen, Rahm oder Joghurt zugeben und rühren, bis alles wieder heiß ist. Falls die Suppe für Ihren Geschmack zu dünn ist, den Grieß einstreuen und weitere 5–10 Minuten quellen lassen, bis die Suppe dick geworden und der Grieß gar ist. Achten Sie in diesem Fall darauf, daß die Suppe nicht kocht, sonst setzt sich der Joghurt ab. Gut würzen.

In der Zwischenzeit die in Scheiben geschnittenen roten Zwiebeln in Olivenöl anbraten, bis sie glasig werden, und sie zum Schluß mit der Petersilie in die Suppe geben.

SOÚPA TSATZÍKI

KALTE JOGHURTSUPPE

Jeder, der schon einmal in einer griechischen Taverne gewesen ist, hat sicherlich *tsatzíki* gegessen, einen dicken Dip mit viel Knoblauch. Nach dem folgenden Rezept läßt sich aus diesem altbewährten Gericht eine erfrischend kühle sommerliche Suppe zubereiten.

Für 4 Personen

½ Gurke, geschält, entkernt und geraspelt
Salz zum Abschmecken
500 ml dicker Joghurt
1 Knoblauchzehe, sehr fein gehackt
sehr fein geriebene Schale und Saft von einer Zitrone (nach Belieben)
2 Eßlöffel feingehackter frischer Dill
2 Eßlöffel feingehackte frische Minze
2 Eßlöffel fruchtiges Olivenöl

Die geraspelte Gurke leicht salzen. Den Joghurt mit einem Holzlöffel glattschlagen und zu der Gurke geben. Den Knoblauch, die Zitronenschale und den Saft (falls gewünscht), den Dill, die Minze und das Olivenöl beifügen. Gut verrühren und etwa 250 ml Wasser zugeben, bis die Konsistenz einer dicken Suppe erreicht ist. Gut gekühlt in kleinen Schüsseln auf einem reichlich mit *mezéthes* gedeckten Tisch servieren.

Kiria Sophias Küche *Meine Nachbarin Kiria Sophia kocht auf einem Herd, der mit Brennholz betrieben wird; ihre Küche hat sich in den letzten 200 Jahren kaum verändert.*

SCORTHÓZOUMI

KNOBLAUCHSUPPE

In Griechenland heißt die dritte Woche der Karnevalszeit, die der Fastenzeit vorausgeht, *tirini* (Käsewoche), in der *tirózoumi* (wörtlich Käsesaft) eine traditionelle Mahlzeit darstellt. Ich nenne die folgende Variante *scorthózoumi*, ›Knoblauchsaft‹, denn Knoblauch ist ihr hervorstechendster Bestandteil.

Für 4 Personen

2–3 Knoblauchzwiebeln – 3 für die Tapfersten –,
die einzelnen Zehen geschält
1 Eßlöffel Bergthymian (s. Seite 16)
2 Lorbeerblätter
10 schwarze Pfefferkörner
175 g féta-Käse oder mizíthra oder Hüttenkäse
250 ml dicker Joghurt
1 gehäufter Eßlöffel Mehl
2 mittelgroße Eier
Salz
4 Eßlöffel Rauke
oder Brunnenkresse, fein gehackt

In einem Suppentopf 1,5 Liter Wasser über den Knoblauch, Thymian, die Lorbeerblätter und Pfefferkörner gießen, zum Sieden bringen und 20–30 Minuten kochen lassen. Das Ganze durch ein feines Sieb streichen, mit einem Holzlöffel fest nachdrücken.

Die Brühe zurück in den Suppentopf geben und den Käse hineinkrümeln. Den Joghurt mit dem Mehl glattrühren. Gleichzeitig langsam einen Schöpflöffel heiße Suppe zugießen. Dadurch wird verhindert, daß der Joghurt in der heißen Suppe gerinnt. Das Ganze wieder zurück in die Suppe gießen und bei niedriger Hitze 10 Minuten ständig rühren.

Die Suppe vom Herd nehmen. Die Eier schaumig schlagen und langsam 2 Schöpflöffel heiße Suppe zugießen. Die Eimischung wieder in die Suppe einrühren. Mit Salz abschmecken. Jede Portion mit einem Teelöffel gehackter Rauke oder Brunnenkresse bestreuen und mit knusprigem Brot servieren.

PASTETEN, BROT, NUDELN UND REIS

Die Landschaften der Inseln sind mitunter sehr karg, ihre natürlichen Rohstoffe sind daher begrenzt. Die folgenden altbewährten Gerichte verbinden traditionelle Grundnahrungsmittel mit frischen Erzeugnissen und lassen sich mit einfachen Zutaten köstlich zubereiten.

Horiátiko Psomí *oben (S. 48)*, Hortópitta *links (S. 45)*, Kouloúria *rechts (S. 49)*

Bei unserer Ankunft hat sich der Raum, der das Herz des Hauses ist, verwandelt, Die *kilims* sind in einer Ecke aufgerollt, und über den Tisch in der Mitte des Raumes ist ein sauberes weißes Tuch gelegt wie auch über das Bett an der Wand. In einer Ecke ist der Schrank mit den Geräten zum Brotbacken geöffnet und gibt den Blick auf Krüge voll Mehl, Schüsseln, Siebe und hölzerne Gerätschaften frei. Der Brottrog, der eigentlich den oberen Teil des Schrankes ausmacht, enthält bereits das grobe weiße Mehl, das mit Salz durchsiebt ist. Die Männer hat man für diesen Tag aus dem Haus geschickt.

Thespina macht in die Mitte des Mehls eine Vertiefung und gießt Wasser hinein. Sie arbeitet das Wasser in das Mehl ein und knetet den Teig 10–15 Minuten lang. Sie hat Mehl an der Stirn, als sie sich hinsetzt und an ihrem Kaffee nippt, während eine ihrer Töchter den geschmeidigen, elastischen Teig in Ballen aufteilt und den Trog mit feuchtem Musselin abdeckt. Nach einem einstündigen Kaffeeklatsch, während der Teig ruht, beginnt das Ausrollen. Thespina legt einen der Teigballen in die Mitte des Tisches auf das mit reichlich Mehl bestreute weiße Tuch; sie bestäubt ihre Hände und den für diesen Zweck vorgesehenen Besenstiel und rollt zunächst dreimal über den Teig. Sie dreht ihn ein paar Grad im Uhrzeigersinn und setzt den gleichen Bewegungsablauf fort, wobei sie darauf achtet, daß alles gut mit Mehl bestäubt ist. Ab und zu wirft sie die Lage Teig über den Besenstiel, hebt sie hoch und klappt sie auf der anderen Seite wieder auf. Schließlich bedeckt die nahezu durchsichtige Scheibe aus Teig fast den Tisch. Sie ist etwa 6 mm dick. Abwechselnd rollen alle einen Teigballen nach dem anderen aus und legen die Filloblätter auf das mit einem Tuch bedeckte Bett; zwischen die Schichten wird Mehl gestreut. Später werden große Tabletts mit *baklavá* zusammengestellt und draußen im Backofen, der Thespinas ganzer Stolz ist, gebacken, als Vorbereitung auf die Ankunft von Verwandten aus dem Ausland. Eine heiße *spanakópitta*, eine Blätterteigpastete mit Spinat, wird unser Beitrag sein.

Filloteig wurde angeblich von den Persern erfunden und von den Arabern übernommen, die ihn in den übrigen Mittelmeerländern bekannt machten. Vielseitig und leicht verwendbar, lassen sich damit verschiedene Pasteten zubereiten, süße und pikante, große und kleine. In kleinerem, weniger aufwendigem Umfang kann man den gleichen Teig, den wir bei Thespina gemacht haben, aus 350 g Mehl mit hohem Glutenanteil oder kräftigem weißem Mehl, 1 Teelöffel Salz und 125 ml Wasser herstellen. Den Teig in 12 kleine Ballen aufteilen und zu einer runden Scheibe von 30 cm Durchmesser ausrollen. Anschließend auf einem großen Küchentuch oder Musselin stapeln. Sofort verwenden oder lagern, indem man ihn in ein Tuch einrollt und in Plastik verpackt. Man kann ihn einfrieren oder in den Kühlschrank legen.

Natürlich werden nicht alle Pasteten aus Filloteig zubereitet. Es gibt noch viele andere Teigarten, und Pasteten wie zum Beispiel *rizópitta* (s. Seite 43) werden mit einem herkömmlichen Pastetenteig hergestellt.

Jedenfalls wird keine Mahlzeit ohne Brot, gleich welcher Form, serviert. Für Festtage werden auch viele besondere Brotarten gebacken. Da gibt es *Christópsomo*, Weihnachtsbrot mit Nüssen und Rosinen (s. Seite 132); das briocheähnliche Neujahrsbrot, *vasilópitta*, in dessen Innerem eine Glücksmünze versteckt wird; Fastenbrot, *lagána*, flach und krustig; Osterbrot, *tsouréki*, ein Brot aus Eierteig, das mit dem eigenartigen, fruchtigen Geschmack von *machlépi*, den Kernen einer Art Kirschbaum, oder *mastíhi* (s. Seite 14) gewürzt wird. Heiliges Brot, *antíthoron*, wird nach der Kommunion gereicht, und es gibt Brote, die aus verschiedenen Getreidemischungen zubereitet werden.

Wenn Thespina Brot backt, füllt ihr Mann den bienenkorbförmigen Ofen mit kleinen Ästen und Zweigen. Der Ofen ist einsatzbereit, wenn der Brennstoff bis auf die Asche herabgebrannt ist und die Wände rot glühen. Thespina fegt die Asche in den hinteren Teil des Ofens und füllt ihn mit Brot, Süßigkeiten, gefüllten Paprikaschoten, *pittes* und einem Braten, wobei sie das, was zuletzt herausgenommen werden muß, zuerst hineinschiebt.

Nudeln sind seit langem in Griechenland beliebt, und es gibt eine große Vielzahl von Nudelgerichten. 500 Jahre lang beherrschten die Venezianer zusammen mit den Genuesern viele der wichtigsten Inseln in der Ägäis. In kulinarischer Hinsicht war diese Besatzungszeit von Vorteil, denn sie brachte unter anderem *pastítsio* mit sich, eine Makkaroni-Pastete mit Lamm oder Meeresfrüchten, die bei Hochzeitsessen auf den Inseln eine traditionelle Vorspeise bildet.

Reis ist heute in Griechenland so alltäglich, daß die Köstlichkeiten der türkischen Paschas, die Griechenland einst regierten, zu den beliebtesten griechischen Getreidegerichten geworden sind. Einfache Reisgerichte mit Kichererbsen oder Tomatensauce sind die übliche Fastenkost, während die Zubereitung eines komplizierten Reisgerichtes, das vermutlich byzantinischen Ursprungs ist, wie zum Beispiel Miesmuschel-Pilaw, in Griechenland als Prüfstein für einen guten Koch gilt. Beeindrukkende mit Lamm oder Wild zubereitete Pilaws werden zu großen Anlässen serviert.

RIZÓPITTA ME TYRÍ

REIS- UND KÄSEPASTETE

Dieses Rezept hat mir eine mir unbekannte Frau auf einem Straßenmarkt in Athen gegeben. Mir fiel ihr angegrauter Haarknoten auf, der ihren Kopf betonte, während sie die Lebensmittelstände unter die Lupe nahm; sie sah aus wie Athene, in Rock und Pullover in die Stadt zurückgekehrt. Wir sprachen über Walnüsse. Dann gab sie mir dieses Rezept und entschwand. Sie wird wissen, daß sie mir an jenem Tag eine riesige Freude gemacht hat.

FÜR 8 PERSONEN

350–425 g Mehl sowie zusätzliches Mehl zum Ausrollen
½ Teelöffel Backpulver
125 ml fruchtiges Olivenöl
Salz
1 kleines Ei, mit einem Eßlöffel Wasser verquirlt
1 Eßlöffel Sesamsamen

FÜLLUNG

350 g Rundkornreis oder mittelkörniger Risotto-Reis
1 Eßlöffel Olivenöl
frisch gemahlener Pfeffer
Salz
350 g féta-Käse
350 ml dicker Joghurt
25 g glattblättrige Petersilie, fein gehackt
25 g frischer Dill, fein gehackt
40 g Frühlingszwiebeln,
das Weiße und Hellgrüne fein gehackt
3 mittelgroße Eier

Bereiten Sie zuerst den Teig zu. Mehl und Backpulver zusammen sieben. In einem Kochtopf das Olivenöl, 125 ml Wasser und das Salz erhitzen, dann von der Kochstelle nehmen. Das Mehl nach und nach in die Flüssigkeit einrühren, um einen geschmeidigen Teig zu bekommen. Den Teig auf eine mit Mehl bestreute Fläche legen und 10 Minuten kneten, bis er weich und elastisch ist. In eine eingefettete Schüssel geben und zugedeckt mindestens eine Stunde ruhen lassen.

Eine Springform von 20 cm Durchmesser einfetten. Den Teig in zwei ungleiche Teile aufteilen und das größere Stück zu einer Größe von etwa 28–30 cm Durchmesser ausrollen. Den Boden und den Rand der Form mit dem Teig bedecken. Das zweite Stück so breit ausrollen, daß es die Oberfläche bedeckt, auf einem Stück Wachspapier beiseite legen.

Um den Reis für die Füllung zu kochen, 700 ml Wasser zusammen mit dem Olivenöl und einer Prise Salz zum Kochen bringen. Den Reis zufügen, umrühren, abdecken und die Hitze herunterdrehen. Köcheln lassen, bis er gar ist – etwa 20 Minuten.

In der Zwischenzeit den *féta* in eine Schüssel krümeln, den Joghurt zugeben und zu einer glatten Mischung verarbeiten. Die Petersilie, den Dill und die Zwiebeln dazugeben und gut unterrühren – dazu den Mixer nur kurz einschalten. Nacheinander die Eier in die Schüssel schlagen und einzeln mit dem Mixer – auch hier wieder nur jeweils kurz – verrühren.

Die Mischung zu dem gekochten Reis geben, würzen, gut verrühren und auf den vorbereiteten Teig in die Form geben. Die Oberfläche glattstreichen und mit dem zurückbehaltenen, zu einem Kreis ausgerollten Teig bedekken. Die Teigränder mit angefeuchteten Händen zusammendrücken, dann hübsch ankräuseln.

Zwei schöne Muster in die Oberfläche schneiden – ein Herz, einen Halbmond oder ein Blatt. Wenn Sie Ihrem künstlerischen Talent nicht trauen, können Sie eine Plätzchenform benutzen. Die ausgeschnittenen Teile herausheben und zwischen die beiden Aussparungen legen, die sie hinterlassen haben, so daß sich vier Formen ergeben: zwei positive und zwei negative. Die Oberfläche mit einem Teil der Eimischung bestreichen und mit den Sesamsamen bestreuen.

Auf ein Backblech geben und in einem vorgeheizten Backofen bei 180° C 60–70 Minuten goldbraun backen. 10–15 Minuten abkühlen lassen, die Form entfernen und servieren.

HORTÓPITTA

GEMÜSEAUFLAUF

Diese Sorte *pítta*, eigentlich eher ein Auflauf, war früher unter dem Namen *sfungato* bekannt und galt als Spezialität der italienisierten Inseln Korfu und Zakynthos. Sie schmeckt vorzüglich heiß und kalt und läßt sich gut zum Picknick mitnehmen.

FÜR 4 PERSONEN

125 grüne Bohnen ohne Fäden
4 mittelgroße Zucchini, geputzt
125 g Spinat, ohne die großen Stiele, gewaschen und fein gehackt
125 g féta-Käse, gut zerkrümelt
125 g kefalograviéra-Käse oder Parmesan, gerieben
2 Eßlöffel feingehackte glattblättrige Petersilie
2 Eßlöffel feingehackter frischer Dill
1 Eßlöffel feingehackte frische Minze
40 g geröstete Brotkrumen oder paximáthia (s. Seite 11)
6 mittelgroße Eier, gut verquirlt
Salz und frisch gemahlener schwarzer Pfeffer
1 Eßlöffel Sesamsamen
1–2 Teelöffel fruchtiges Olivenöl

Die Zucchini in einem Topf mit kochendem Wasser etwa 3 Minuten lang blanchieren und die grünen Bohnen etwa 10 Minuten kochen oder etwas länger, bis sie *al dente* sind. Abschütten und fein hacken. Die gehackten Gemüse in eine große Rührschüssel geben und den fein gehackten Spinat sowie die Kräuter hinzufügen. Verrühren, bis alles gleichmäßig verteilt ist. Die Brotkrumen, den Käse und die Eier vermischen, gut würzen und anschließend unter das Gemüse rühren.

Mit dem Olivenöl eine geeignete Auflaufform, Kasserolle oder flache Eisenpfanne einfetten und die Gemüsemischung hineingeben, die Oberfläche glattstreichen. Mit Sesamsamen bestreuen. In einem auf 180° C vorgeheizten Backofen etwa 35 Minuten backen, bis die Pastete goldbraun ist und ihre Oberfläche elastisch auf Druck reagiert. Heiß oder kalt in der Form servieren.

ARBEIT AUF DEN FELDERN *Auf Korfu wird saftiges Gras zum Heumachen geschnitten.*

ARNÓPITTA

LAMMAUFLAUF MIT KRAUSBLÄTTRIGER ENDIVIE UND KRÄUTERN

Dieses Gericht eignet sich besonders gut für Partys oder Picknicks.

FÜR 6–8 PERSONEN

1,5 kg vom Knochen gelöste Lammschulter, die Knochen separat
1 Stück Zimtrinde, etwa 2,5 cm lang
1 Gewürznelke
10 schwarze Pfefferkörner
1–2 Lorbeerblätter
1 Knoblauchzehe
20 Safranfäden, 20 Minuten in 50 ml kochendheißem Wasser eingeweicht
75 g Mehl

NACH DEM BRATEN

700 g krausblättrige Endivie, fein gehackt
2 Bund Frühlingszwiebeln, mit dem Grün gehackt
25 g frischer Dill, gehackt
2 Eßlöffel feingehackte frische Minze
5 mittelgroße Eier, geschlagen
15 g zerkleinerte paximáthia (s. Seite 11) oder geröstete Vollkornbrotkrumen
frisch gemahlener schwarzer Pfeffer
Salz
125 ml Bratensaft

Zum Braten des Lammfleisches benötigen Sie einen Eisen- oder Tontopf mit festem Deckel. Das Fleisch in große Stücke schneiden und zusammen mit den Knochen, dem Zimt, der Gewürznelke, den Pfefferkörnern, Lorbeerblättern, dem Knoblauch, Safran und seiner Einweichflüssigkeit in den Topf geben. Das Mehl mit ausreichend Wasser zu einem klebrigen Teig verrühren und damit den Deckel dicht verschließen. In einem vorgeheizten Backofen bei 180° C 2 Stunden braten.

Nach Öffnen des Deckels sollte das Fleisch zart und saftig sein und reichlich Saft abgegeben haben, der aufbewahrt werden muß. Die Knochen herauslösen und das Fleisch in große Würfel oder Streifen schneiden. Mit der Endivie, den Zwiebeln, dem Dill und der Minze vermischen. Die Eier mit den Brotkrumen vermengen, mit Salz und Pfeffer würzen und in die Lammfleischmischung rühren. Alles in eine gut gefettete Kasserolle geben und mit dem Bratensaft beträufeln. Im Backofen bei 190° C etwa 30 Minuten backen, bis die Oberfläche leicht gebräunt ist.

SPANAKÓPITTA NISTÍSIMI

FASTENPASTETE MIT SPINAT

Diese *spanakópitta* enthält weder Käse noch Eier, mit denen die in der ganzen Welt bekannte klassische Variante stets zubereitet wird. Wer grünes Blattgemüse mag, wird an ihren üppigen Mengen des in der Fastenzeit viel gegessenen grünen Gemüses seine Freude haben. Metaxia, die mir dieses Rezept gab, nimmt dazu auch die zarten jungen Blätter von wildem Mohn. Der Pastetenteig wird dünn ausgerollt und ist eine einfache Art von Fillo.

FÜR 8 PERSONEN

1,5 kg Spinat, gewaschen und ohne Stiele
500 g krausblättrige Endivie
2–3 Bund große Frühlingszwiebeln,
das Weiße und das Grüne zusammen gehackt, etwa 250 g
1 Zitrone
75 g feingehackte glattblättrige Petersilie
75 g feingehackter frischer Dill
1 Teelöffel Salz
frisch gemahlener schwarzer Pfeffer
5 Eßlöffel fruchtiges Olivenöl
1 Eßlöffel Reis oder Weizenschrot

TEIG
200 g Mehl, zusätzliches Mehl zum Ausrollen
1 Teelöffel Meersalz
1 Teelöffel Backpulver
etwa 2 Eßlöffel Olivenöl
1 Eßlöffel Sesamsamen

Fangen Sie mit dem Teig an. Das Mehl zusammen mit dem Salz und dem Backpulver durchsieben. Etwa 75 ml Wasser untermischen, immer nur eine geringe Menge auf einmal, bis der Teig klebrig, aber nicht naß ist. 1 Eßlöffel Olivenöl zugeben, einen weiteren Teelöffel und etwas mehr Mehl, falls nötig, um eine gebundene Masse zu erhalten. Den Teig 5–10 Minuten kneten, bis er weich und elastisch ist. Zudecken, beiseite stellen und ein oder zwei Stunden ruhen lassen.

Für die Füllung die krausen Endivienblätter voneinander lösen, damit das Gemüse die gleiche Garzeit hat. Den Spinat und die Endivie zusammen in einer großen Pfanne dünsten, und zwar in dem Wasser, das noch an den Blättern haftet, sowie einer zusätzlichen Menge von nur 125 ml. Die Blätter gelegentlich wenden, damit sie gleichmäßig weich werden. Wenn sie weich, aber nicht pappig sind, die Blätter in einem Sieb abtropfen lassen, fest mit der Rückseite eines Holzlöffels nachdrücken, um so viel überschüssige Flüssigkeit wie möglich herauszupressen. (Bewahren Sie die Flüssigkeit auf, und verwenden Sie sie in einer Suppe oder, mit einem Spritzer Zitronensaft, als Getränk, wie die Griechen es tun.)

Die Frühlingszwiebeln in 2 Eßlöffeln Olivenöl sautieren, bis sie anfangen, weich zu werden. Falls sie in der Pfanne haften, geben Sie ein paar Eßlöffel Wasser zu. Den gekochten Spinat und die krausblättrige Endivie grob hacken und die Schale der Zitrone fein reiben. Anschließend das gekochte Gemüse mit den Frühlingszwiebeln, der Petersilie, dem Dill, der Zitronenschale, einem Eßlöffel Zitronensaft, Pfeffer und Salz vermischen und 3 Eßlöffel Olivenöl zugeben. Beiseite stellen, bis Sie den Teig füllen können.

Ein Kasserolle aus Ton oder ofenfestem Glas mit einem 5–6 cm hohen Rand und etwa 1,7 Liter Fassungsvermögen mit Öl auspinseln. Den Teig in zwei ungleiche Teile zerlegen und diese wiederum halbieren. Auf einer mit Mehl bestreuten Fläche eines der größeren Teigviertel ausrollen. Es sollte groß genug sein, um die Kasserolle damit bis über den Rand hinaus auslegen zu können – der Teig muß demnach sehr dünn ausgerollt werden. Den Teig in die Backform einpassen und mit Olivenöl bepinseln. Mit dem zweiten größeren Viertel ebenso verfahren, auf das erste legen und erneut mit Olivenöl bepinseln.

Den Teigboden mit dem Eßlöffel Reis oder Weizenschrot bestreuen, damit die überschüssige Flüssigkeit aufgesaugt wird, und mit dem Spinat und der Kräutermischung füllen. Die beiden restlichen Teigviertel so ausrollen, daß sich das Gericht damit abdecken läßt. Die erste Lage Teig auf den Spinat legen, mit Olivenöl einpinseln, dann die zweite Lage darauf legen. Mit einer Gabel in den Teig ein hübsches Muster stechen und die gesamte Oberfläche mit Olivenöl bestreichen. Mit Sesamsamen bestreuen. In einem vorgeheizten Backofen bei 180° C 45–50 Minuten goldbraun backen.

KOTÓPITTA

HÜHNERPASTETE

Mit *kotópoulo* bezeichnete man früher ein sehr kleines Hühnchen oder das, was wir Küken nennen; *órnitha* war ein normal großes Huhn. Heute ist *kotópoulo* die allgemeine Bezeichnung für Huhn. Soweit ich es zurückverfolgen kann, hieß dieses Gericht schon immer *kotópitta*, was bedeutet, daß es mit Kükenfleisch zubereitet worden sein muß.

Die Methode, nach der bei diesem Rezept Fleisch in einer bestimmten Mischung von Gewürzen gekocht und anschließend in Streifen geschnitten und auf andere Weise weiterverarbeitet wird, stammt vermutlich von den alten Persern und breitete sich im Laufe der ersten islamischen Herrschaft auf die orientalischen Mittelmeerländer und sogar bis nach Indien aus. Ziel war es, ein Gericht zu schaffen, dessen exquisite Geschmacksmischung ohne mühseliges Kauen genossen werden konnte.

Für 6 Personen

2 Hühnchen von jeweils 700–850 g oder ein Huhn von 1,4–1,8 kg
700 g feingehackte Zwiebeln
3 Eßlöffel fruchtiges Olivenöl
1 Teelöffel Honig
½ Teelöffel frisch gemahlener schwarzer Pfeffer
1 Messerspitze Muskat
6 mittelgroße Eier
125 ml Hühnerbrühe (siehe untenstehendes Rezept)
½ Teelöffel Rosenwasser
16 Blätter Filloteig, 50 × 30 cm – etwa 1½ Packungen
1–2 Teelöffel Weizenschrot
175 ml Olivenöl
1½ Teelöffel Sesamsamen

Für die Brühe

100 g Zwiebel, gehackt
3 Knoblauchzehen
Spitzen und Blätter von 6–8 Selleriestangen
1 Eßlöffel schwarze Pfefferkörner
1 Stück Zimtrinde, 4 cm
1–2 Gewürznelken
¼ Teelöffel Anissamen
1 Streifen Zitronenschale, etwa 5 cm lang
Salz

Das oder die Hühnchen zusammen mit den für die Brühe angegebenen Zutaten in einen großen Topf geben. Knapp mit Wasser bedecken, zum Kochen bringen und fest zudecken. 45–60 Minuten köcheln lassen – bis sich das Hühnerfleisch von den Knochen löst.

Das Huhn aus seinem Saft nehmen. Wenn es abgekühlt ist, das ganze Fleisch von den Knochen lösen. Das Huhn in mundgerechte oder noch kleinere Streifen schneiden.

In einem dickbodigen Kochtopf die Zwiebeln in Olivenöl sautieren, bis sie braunglänzend sind. Um das Anbrennen zu verhindern, falls nötig, etwas Wasser zugeben. Das Ganze kann zirka 15–20 Minuten dauern. Die Hitze stark reduzieren und Honig, Pfeffer und Muskat dazugeben. Die Eier mit 125 ml Hühnerbrühe verschlagen und unter die Zwiebeln rühren. Leise kochen und so lange rühren, bis man eine geschmeidige Eiercreme erhält. Von der Kochstelle nehmen und unter Rühren das Hühnerfleisch und das Rosenwasser hineingeben.

Decken Sie die Filloteigblätter, die Sie gerade nicht verarbeiten, mit einem feuchten Geschirrtuch ab. Auf einem großen eingefetteten oder antihaftbeschichteten Backblech ein Filloblatt auslegen, mit Olivenöl bepinseln und diesen Vorgang fortsetzen, bis man 6 Schichten erhält. Der Filloteig kann das Backblech ruhig etwas überlappen.

Den Weizenschrot in die Mitte des Teigs streuen und dabei rundherum einen Rand von etwa 7,5 cm freilassen. Löffelweise die Hälfte der Hühnerfleischmischung darauf geben. 4 Blätter Filloteig darüber legen, jede Schicht mit Olivenöl bepinseln und darauf das übrige Hühnerfleisch verteilen.

6 weitere Lagen Fillo auf das Fleisch legen, dabei jede Schicht einpinseln. Die überstehenden Ränder von allen Schichten so abschneiden, daß sie etwa 7,5 cm auf allen Seiten der Pastete überstehen. Die gesamte obere Lage mit Öl bepinseln und die Ränder nach oben rollen. Mit Sesamsamen bestreuen. In einem vorgeheizten Backofen bei 180° C etwa 1 Stunde backen, bis der Teig goldgelb glänzt.

HORIÁTIKO PSOMÍ

LANDBROT MIT GRIESS- UND MAISMEHL

Hierbei handelt es sich um ein typisches Landbrot. Der einzige andere Ort auf der Welt, an dem Brot aus Grießmehl zubereitet wird, ist meines Wissens Sizilien, das einmal zu *Magna Graecia* gehörte. Wer weiß, wer es von wem übernommen hat? Ich gebe *mastíhi* (Mastix) hinein, wie ich es von Kiria Marina gelernt habe, die das Brot für ihre Taverne in Vlichos zubereitet. Wer den Geschmack von *mastíha* oder *oúzo* nicht mag, kann statt dessen eine Handvoll Koriander und Anissamen in den Teig streuen.

ERGIBT 1 GROSSEN UND 2 KLEINE BROTLAIBE

18 g Trockenhefe
75 ml warmes Wasser
½ Teelöffel Zucker
850–1000 g Grießmehl
oder kräftiges ungebleichtes Mehl
250 g Maismehl (Polenta)
2 Teelöffel Salz
1 Stück mastíhi (Mastix), im Mörser pulverisiert
oder 3 Eßlöffel mastíha-Schnaps oder oúzo
½ Teelöffel Essig
(falls Ihr Leitungswasser hart ist)
50 g Honig
50 ml Olivenöl
1–2 Eßlöffel Sesamsamen

Die Trockenhefe in das warme Wasser streuen und den Zucker einrühren. Die kleinere Menge Mehl mit dem Maismehl in einer großen Schüssel mischen und salzen.

Den zerstoßenen *mastíhi* oder den Schnaps in einen Meßbecher geben und auf 500 ml mit warmem Wasser und falls nötig mit Essig auffüllen. Den Honig und das Olivenöl einrühren. Alles in das Mehl schütten und so lange schlagen, bis sich ein klebriger Teig ergibt. Die Hefe, wenn sie schaumig ist und sich ihr Volumen verdoppelt hat, in den Teig rühren. Weiterrühren und falls nötig so lange mehr Mehl zugeben, bis der Teig geschmeidig ist.

Den Teig auf eine mit reichlich Mehl bestreute Fläche legen und kneten, bis er elastisch ist und sich samtig anfühlt. Falls nötig, mehr Mehl zugeben, den Teig mit einem feuchten Tuch abdecken und so lange aufgehen lassen, bis sich das Volumen fast verdoppelt hat.

Den Teig glattklopfen, weitere 5 Minuten kneten und zu einer Kugel formen. Nun die Faust ballen und die Fingerknöchel in den Teig drücken und hin und her wiegen. Auf diese Weise preßt man eventuelle übergroße Luftblasen heraus. Schließlich den Teig zu einem großen oder zwei kleinen Broten formen.

Den Teig auf ein eingefettetes oder antihaftbeschichtetes Backblech legen. Die Oberfläche ein paarmal diagonal einschneiden. Mit einem Tuch zudecken und an einem

OFEN VOR DEM HAUS *Solche bienenstockförmigen Öfen, deren Tür sich aushängen läßt, werden noch heute auf den Inseln benutzt.*

warmen, zugfreien Ort etwa eine Stunde (bei 2 Laiben) aufgehen lassen, bis sich der Umfang fast verdoppelt hat. Das Wörtchen ›fast‹ ist hier entscheidend, da Ihr Brot ziemlich flach wird, wenn Sie es zu lange aufgehen lassen. Mit Sesamsamen bestreuen.

In einem vorgeheizten Backofen bei 180° C einen großen Laib 1¼ Stunden, zwei kleine Laibe 45 Minuten lang backen. Das Brot ist gar, wenn der heiße Laib hohl klingt, wenn man auf die Unterseite klopft.

KOULOÚRIA

SESAMRINGE

Kouloúria gibt es auf den Straßen Athens und in jeder Bäckerei in Griechenland zu kaufen, deshalb bereiten die meisten Griechen sie nicht selbst zu. Falls Sie jedoch auf diesen einfachen Hochgenuß nicht verzichten möchten, müssen Sie sie selbst herstellen.

ERGIBT 12–15 STÜCK

40 g Sesamsamen
375 g Mehl sowie zusätzliches Mehl zum Kneten
¼ Teelöffel Salz
4 mittelgroße Eier
4 Eßlöffel fruchtiges Olivenöl

Zuerst die Sesamsamen in einer Bratpfanne bei mittlerer Hitze rösten. Wenn man sie riechen kann oder sieht, daß sie goldgelb werden, schütteln Sie die Pfanne so lange, bis alle in etwa die gleiche Farbe haben. Die Pfanne von der Kochstelle nehmen und sofort ausleeren, da die Samen sonst nachdunkeln.

Zur Herstellung des Teigs Mehl und Salz in eine große Schüssel geben. Drei der Eier mit 4 Eßlöffeln kaltem Wasser und dem Olivenöl verquirlen und zum Mehl geben. Mit einem Holzlöffel rühren, bis sich ein Teig gebildet hat. Den Teig auf eine mit reichlich Mehl bestäubte Fläche legen und 10 Minuten kneten.

Den Teig in 12–15 gleich große Stücke aufteilen, jedes Stück zu einem Strang oder einer Schlange von 2,5 cm Dicke rollen, einen Kreis formen und die Enden zum Verschließen zusammenquetschen. Das verbleibende Ei schlagen, jeden Ring damit einpinseln und großzügig mit Sesamsamen bestreuen. Die Teigringe auf ein eingefettetes oder antihaftbeschichtetes Backblech legen und in einem vorgeheizten Backofen bei 190° C etwa 25 Minuten goldbraun backen.

ZYMARIKÁ ME REVÍTHIA KE PANZÁRIA

NUDELN MIT KICHERERBSEN UND MANGOLD

Kichererbsen und Nudeln waren schon immer ›Arme-Leute‹-Mahlzeiten, die es jedoch verdienen, einem König gereicht zu werden. Es gibt keine sättigendere oder bekömmlichere Mahlzeit.

Ich serviere dieses einfache vegetarische Gericht mit in Scheiben geschnittenen frischen saftigen Tomaten, beträufelt mit *scorthostoúmbi*, Knoblauchessig (s. Seite 25), Olivenöl und Kräutern, anschließend gibt es viel frisches Obst zum Nachtisch und dazu die *melomakárona*, Honigkuchen von Seite 138.

Dieses Gericht wird üblicherweise während der Fastenzeit serviert, wenn Käse in Griechenland verboten ist. Es schmeckt aber mit zerkrümeltem *féta* besonders köstlich, deshalb könnten Sie vielleicht doch eine Schüssel voll dazu reichen wollen. In diesem Fall berücksichtige man beim Würzen, wie salzig bereits der Käse ist.

FÜR 4–6 PERSONEN

350 g Kichererbsen,
über Nacht in kaltem Wasser eingeweicht
500 g Mangold oder anderes Blattgemüse,
zum Beispiel Spinat, ohne die großen Stiele, gewaschen und kleingehackt
350 g milde Gemüsezwiebeln,
in dünne Scheiben geschnitten
2–3 Eßlöffel fruchtiges Olivenöl
3 Knoblauchzehen
feingeriebene Schale von 1 Zitrone, Saft von 1–2 Zitronen
25 g frischer Dill, fein gehackt
Salz und frisch gemahlener schwarzer Pfeffer
250 g Spaghetti oder andere Nudeln
eine Schüssel zerkrümelter féta-Käse (nach Belieben)

Die eingeweichten Kichererbsen abtropfen lassen, in einen Kochtopf geben und knapp mit kaltem Wasser bedecken. Zum Kochen bringen und 10 Minuten köcheln lassen. Die Flüssigkeit abschütten und die Erbsen waschen, zurück in den Topf geben und erneut knapp mit Wasser bedecken. Zum Kochen bringen und 1–1½ Stunden weich kochen. Ab und zu überprüfen und Wasser zugießen, falls sie austrocknen. (Sie werden wirklich schneller gar, wenn man sie in wenig Wasser kocht, doch man muß stärker darauf achten, daß sie nicht anbrennen.)

In einem recht großen Kochtopf mit dickem Boden die Zwiebeln in Olivenöl goldgelb sautieren. Den Knoblauch, die geriebene Schale von 1 Zitrone und die Kichererbsen zugeben. Mit Pfeffer würzen und bei mittlerer Hitze 5 Minuten kochen lassen. Die gehackten Blätter zufügen und 5–10 Minuten köcheln lassen, bis sie zart sind. Saft von 1 Zitrone und gehackten Dill hineingeben und untermischen. Den Saft der zweiten Zitrone, falls nötig, zugeben und von der Kochstelle nehmen.

In einem großen Topf die Spaghetti *al dente* kochen – etwa 8 Minuten. Abschrecken und in eine vorgewärmte Servierschüssel geben. Die Kichererbsen und den Mangold zugeben, vermischen und servieren.

ACHIVÁTHES ME AVGOTÁRAHO

MUSCHELNUDELN MIT GETROCKNETEM FISCHROGEN

Avgotáraho – botargo, wie es außerhalb von Griechenland heißt – sind die getrockneten Eier der Meeräsche. Der ganze Eiersack des Fisches wird gesalzen, getrocknet, leicht geräuchert und zum Schutz mit einer Schicht Bienenwachs überzogen. Er wurde bereits im Altertum sehr geschätzt, doch heute wird er leider immer seltener und teurer. Man ißt ihn häufig in Scheiben geschnitten und mit etwas Zitronensaft beträufelt.

Ich serviere dieses einfache und doch luxuriöse Gericht mit *horiátiki saláta* – einem Salat aus sonnengereiften Tomaten, Gurken, Zwiebeln, grünem Paprika, Portulak, jungem Löwenzahn und Oliven, angemacht mit einem Spritzer Zitrone, Olivenöl und frischer Minze.

FÜR 4–5 PERSONEN

500 g muschel- oder andersförmige Nudeln
125 ml fruchtiges Olivenöl
4 Knoblauchzehen, fein gehackt
2 Teelöffel Saft von der Sevillaorange (Bitterorange) oder
1 Teelöffel Zitronensaft und 1 Teelöffel
süßer Orangensaft
feingeriebene Schale von ½ Sevillaorange
oder süßen Orange oder einer Zitrone
1 Teelöffel frisch gemahlener schwarzer Pfeffer
50 g glattblättrige Petersilie, fein gehackt
75 g avgotáraho, gerieben, oder 150 g
geräucherter Kabeljaurogen, zerkrümelt,
oder roter Kaviar

Einen großen Topf Salzwasser zum Kochen bringen und die Nudeln nicht zu weich kochen – 8–10 Minuten, je nach der verwendeten Sorte. Zur Zubereitung des Dressings in der Zwischenzeit das Olivenöl, den Knoblauch, den Orangensaft (und Zitrone, falls verwendet), die Orangen- oder Zitronenschale und den Pfeffer miteinander verquirlen.

Wenn die Nudeln gar sind, abschütten und in eine vorgewärmte Servierschüssel geben. Mit dem Dressing vermischen. Mit *avgotáraho* und gehackter Petersilie bestreuen und wieder vorsichtig mischen.

GERANIEN IM ÜBERFLUSS *Diese leuchtend roten und rosa Blumen verleihen so manchem Hof hinter dem Haus fröhliche Farbflecke; auch beim Kochen sind duftende Geranienblätter von unschätzbarem Wert.*

Wenn Sie zerkrümelten Kabeljaurogen oder roten Kaviar verwenden, sieht es hübscher aus, wenn Sie die einzelnen Nudelportionen damit bestreuen. Mit *horiátiki saláta* servieren.

PILÁFI-LAHANIKÁ

GEMÜSEPILAW

Jede Familie hat ihre eigene Variante des Gemüsepilaw, je nach Jahreszeit und je nachdem, welches Gemüse bevorzugt wird. Es kann als *nistísimo*, als eigenständiges Gericht zur Fastenzeit, oder als Beilage zu gegrilltem oder gebratenem Fleisch oder Geflügel serviert werden.

Für 6–8 Personen

350 g Basmati-Reis
15 Safranfäden
150 g Zwiebeln, in Scheiben geschnitten
1 mittelgroße Stange Lauch, geputzt und in Scheiben geschnitten
3 Eßlöffel Olivenöl
150 g weichkochende Kartoffeln, gewürfelt
150 g Karotten, in Scheiben geschnitten
150 g grüne Bohnen, in Scheiben geschnitten
150 g Zucchini, in Scheiben geschnitten
150 g Tomaten, enthäutet, entkernt und gehackt
1 Teelöffel Salz
frisch gemahlener schwarzer Pfeffer
25 g glattblättrige Petersilie, gehackt
25 g frischer Dill, gehackt
1–2 Eßlöffel feingehackte frische Minze
1 Zitrone

Den Reis in eine Schüssel geben, kaltes Wasser zugießen und den Reis und das Wasser mit der Hand gut durchrühren. Abschütten und den Vorgang so oft wiederholen, bis das Wasser beim Abschütten klar ist. Den Reis zurück in die Schüssel geben, erneut mit kaltem Wasser auffüllen und 20 Minuten einweichen lassen. Die Safranfäden in 50 ml kochendheißem Wasser einweichen.

In einer dickbodigen Kasserolle die Zwiebeln und den Lauch in dem Olivenöl bei schwacher Hitze glasig braten. Die Kartoffeln, Karotten, grünen Bohnen, Zucchini, gehackten Tomaten sowie den Safran samt seiner Flüssigkeit zugeben und mit Salz und etwas Pfeffer bestreuen. Umrühren, zudecken und 5 Minuten köcheln lassen.

Den Reis abgießen und in einer gleichmäßigen Schicht über das Gemüse verteilen. 700 ml Wasser zugießen, dann mit je 15 g gehackter Petersilie und Dill, 1 Teelöffel gehackter Minze und der feingeriebenen Schale von ½ Zitrone bestreuen. Zugedeckt etwa 15 Minuten köcheln lassen, bis sich auf der Oberfläche des Reises Trichter bilden.

Von der Kochstelle nehmen, mit einem Stück Gaze oder Musselin (ersatzweise einem Geschirrtuch) abdekken und den Deckel wieder aufsetzen. An einem warmen Ort in der Küche 20 Minuten stehen lassen, damit der Reis ausdampft. Auf eine vorgewärmte Servierplatte stürzen, so daß das Gemüse oben liegt. Mit der restlichen gehackten Petersilie, dem Dill und der Minze bestreuen. Mit dem Saft der Zitrone beträufeln und servieren.

SPANAKÓRIZO

SPINATREIS

Dieses einfache Gericht ist eine Lieblingsspeise der Griechen.

Für 4–6 Personen

1 kg frischer Spinat
375 g Zwiebeln, fein gehackt
4 Eßlöffel Olivenöl
175 g mittelkörniger Risotto-Reis
25 g glattblättrige Petersilie, fein gehackt
25 g frischer Dill, fein gehackt
feingeriebene Schale von 1 Zitrone und 1 Teelöffel Saft
Salz und frisch gemahlener schwarzer Pfeffer

Den Spinat in kaltem Wasser gründlich waschen. Die zähen Stiele entfernen und den Spinat grob hacken.

In einem großen Kochtopf die Zwiebeln in dem Olivenöl bei schwacher Hitze glasig braten. Den Spinat und einen Schuß Wasser zugeben und so lange kochen, bis der Spinat weich ist.

Den Reis, die Petersilie, den Dill und die Zitronenschale zugeben und mit Salz und Pfeffer würzen. 400 ml Wasser zugießen und umrühren. Zugedeckt leise kochen lassen, bis sich auf der Oberfläche des Reises Trichter bilden, etwa 15 Minuten.

Den Topf von der Kochstelle nehmen, ein Stück Gaze oder Musselin darüber legen und den Deckel wieder aufsetzen. Den Topf an einem warmen Ort 15–20 Minuten zum Ausdampfen stehen lassen. Umrühren, etwas Zitronensaft darüber träufeln und servieren.

Prassórizo *oben* *(S. 59)*, Piláfi-Lahaniká *unten*

PRASSÓRIZO

SAFRANREIS MIT LAUCH

FÜR 4–6 PERSONEN

4–6 sonnengetrocknete Tomaten (s. Seite 16)
20–25 Safranfäden
1 kg Lauch
4 Eßlöffel Olivenöl
½ Teelöffel Zucker
1 Messerspitze frisch gemahlener Zimt
Salz und frisch gemahlener schwarzer Pfeffer
175 g mittelkörniger Risotto-Reis
25 g glattblättrige Petersilie, gehackt
2 Eßlöffel gehackte frische Minze

Die sonnengetrockneten Tomaten in kleine Stücke schneiden und in einem Mörser mit 50 ml kochendheißem Wasser einweichen lassen (falls sie nicht in Öl eingelegt sind). Die Safranfäden mit der gleichen Menge kochendheißem Wasser in einer Tasse überbrühen.

Den Lauch putzen und dabei die Wurzeln und das harte Grün entfernen. Der Länge nach in der Mitte aufschlitzen und unter kaltem fließenden Wasser abspülen; dabei unbedingt den Sand, der sich zwischen den Schichten versteckt, entfernen. In 2–3 cm dicke Scheiben schneiden.

In einem großen Kochtopf die Lauchscheiben in dem Olivenöl anbraten und mit Zucker bestreuen. Vorsichtig rühren, damit sie nicht anschmoren und etwa 10 Minuten garen lassen. Wenn sie anfangen, weich zu werden, das Wasser von den sonnengetrockneten Tomaten in den Topf abgießen. Die Tomaten im Mörser mit dem Stößel zerkleinern und den Brei gleichfalls hineingeben. Zimt, Salz und Pfeffer zugeben, anschließend den Reis. Auf der Kochstelle lassen und etwa 2 Minuten rühren.

Die Petersilie, die Minze, den Safran mit seiner Einweichflüssigkeit und 450 ml Wasser zugeben. Rühren und im geschlossenen Topf 10–15 Minuten köcheln lassen, bis sich auf der Oberfläche Trichter bilden. Von der Kochstelle nehmen. Ein Stück Gaze oder Musselin darüber legen, den Deckel wieder aufsetzen und 15–20 Minuten an einem warmen Ort stehen lassen, damit der Reis vollständig ausdampfen kann.

BAUERNHAUS AUF KORFU *Dieses Bauernhaus zeichnet sich durch seinen Anstrich in warmen Erdtönen aus.*

GEMÜSE UND SALATE

Die Fülle der köstlichen Gemüsesorten, die der Boden und die Sonne Griechenlands hervorbringen, hat in Verbindung mit den Fastentraditionen der griechisch-orthodoxen Kirche ein herrlich abwechslungsreiches Repertoire an Gemüsegerichten entstehen lassen.

Hortariká Yemistá *(S. 68)*

Im Frühling ist die Luft auf der Insel wie eine warme Umarmung. Überwältigt von diesem Frühlingserwachen, gehe ich den Berg hinauf zu den verborgenen Feldern, die von wildem Spargel umgeben sind. Auf einem Bett aus Hyazinthen liegend, kaue ich geräuschvoll den ersten dünnen Spargel, der so süß und intensiv ist wie das Feld und der Frühling selbst.

Der Frühling bietet darüber hinaus viele andere wunderbare wildwachsende Delikatessen. Artischocken und Karden findet man sechs Stunden zu Fuß von meinem Haus auf Hydra entfernt, doch in der ganzen Gegend gibt es die winzigen Traubenhyazinthen, die als bitteres Frühlingstonikum gegessen werden. Auf einen Teller mit dampfendem Wildgemüse zu schauen ist ein einmaliges Erlebnis. Unten am Meer wächst *almíra*, Queller, eine zartblättrige Sukkulente, die man eingelegt bis zum Sommer aufbewahrt und in Salaten verwendet, deren Geschmack an das Meer erinnert.

Jedes Jahr im Frühling, wenn sich das Feld mit wildwachsenden Pflanzen bedeckte, kroch unser Nachbar Noti, der Bösewicht, durchs Unterholz, bewegte Steine, legte erst kleine Terrassen an, die sich schließlich miteinander verbanden, später größere Terrassen, die zu Mauern wurden. Er pflanzte mal hier einen Baum, mal dort etwas Gemüse, und so arbeitete er heimlich viele Jahre. Dann ging er zur Stadtverwaltung und beanspruchte das angeblich verlassene Stück Land für sich.

Das tat er dreimal. Und dreimal kauften wir zurück, was uns bereits gehörte. Nach dem dritten Mal unterzeichneten wir einen Vertrag, gemäß dem wir Noti für Arbeiten auf unserem Land bezahlten. So konnten wir alle gemeinsam von den Früchten seiner Arbeit profitieren ... von den phantastischen Tomaten, süßen kleinen Blumenkohlköpfen, glänzenden grünen Paprikaschoten, ganz frischen Zucchini mit ihren Blüten, die wir mit einer Füllung aus Kräutern und *féta*-Käse für Beignets nehmen. Unser guter Noti, der Bösewicht, weilt nun nicht mehr unter uns, aber ich erinnere mich gern an ihn als einen Menschen, der seine eigene Art hatte, natürliche Ressourcen wieder urbar zu machen.

Gut ein Drittel des Jahres besteht in der griechisch-orthodoxen Kirche aus den *nistía*, Fastentagen. Wenn man sie ernst nimmt, dürfen für die *nistísima* (Fastenspeisen), im Gegensatz zu den Vorschriften anderer Kirchen, keine Milchprodukte, Eier oder Fische mit Blut verwendet werden. Demnach bleiben Schalentiere und Unmengen Gemüse- und Getreidesorten übrig. Die *nistía* werden noch heute fast überall eingehalten, vor allem auf den Inseln, in überwiegend städtischen Gegenden hingegen nicht ganz so streng. Somit ist in Griechenland der Pro-Kopf-Verbrauch an Gemüse höher als in jedem anderen westlichen Land.

Lange bevor Biokost und Schlankheitsdiäten Mode wurden, gab es die Fastenzeit, eine feierliche Zeit des Jahres und für viele Menschen eine Zeit der Entbehrung. Ganz ehrlich, ich genieße sie. Es gibt wunderbare Speisen wie zum Beispiel die fleischlose *moussaká*, gefülltes Gemüse, in Blättern oder Teig zubereitetes Gemüse, gedünstetes und rohes Gemüse. Mir fällt kein einziges Gemüse ein, das sich im Laufe des Jahres nicht gedünstet oder gekocht und heiß oder kalt mit Olivenöl und Zitrone essen ließe. Es gibt Gemüsepilaws, *píttes* mit Gemüse und Nudeln mit Gemüse. Kichererbsen, grüne Bohnen, Erbsen und Linsen kann man zu Salaten verarbeiten, man kann sie einlegen und deftige Gerichte daraus zubereiten. Eines meiner Lieblingsgerichte sind Artischocken *a la políta*, was ›aus der Stadt‹ bedeutet, und damit war Konstantinopel gemeint. Es handelt sich um einen Eintopf aus Artischocken, Karotten und Kartoffeln, der mit sehr viel frischen Kräutern, Zitrone und Olivenöl gewürzt wird. *Briam* ist ein Schmortopf mit in Scheiben geschnittenen Kartoffeln, Zucchini, Zwiebeln, Tomaten und grünen Bohnen. *Prassópitta* ist übereinander geschichteter blättriger Filloteig, gefüllt mit Lauch, der einem das Wasser im Munde zusammenlaufen läßt. Ein einfaches Reisgericht mit Kichererbsen oder Tomaten und Oliven ist trotz seiner Schlichtheit äußerst geschmackvoll. Einige in diesem Buch enthaltene Gerichte, so die weißen Bohnen mit Kaviar, mögen extravagant erscheinen, doch für die Bewohner der Inseln gehörten verschiedene Sorten Fischrogen und die daraus hergestellten Erzeugnisse ebenso wie die Bohnen, das Getreide oder die Nudeln, mit denen sie kombiniert wurden, schon immer zu den Hauptbestandteilen ihrer Nahrung.

KOUNOUPÍTHI ME AROMATICÁ

BLUMENKOHL MIT FRISCHEN KRÄUTERN IN VINAIGRETTE

Blumenkohl ist in Griechenland meistens weiß, manchmal rot, und er wird in der Regel gekocht gegessen, mit Olivenöl und Zitrone oder Essig. Da es sich, wie der Name schon sagt, um die Blume eines Kohls handelt, muß man die Blätter nicht wegwerfen. Wenn Sie meinen, sie passen nicht zu diesem Gericht, bewahren Sie sie für eine Suppe auf.

Wenn der Blumenkohl im Rohzustand streng und scharf schmeckt, hat er auch gekocht einen strengen Geschmack und einen noch strengeren Geruch. Ist er im Rohzustand süß und knackig – ist er gekocht einfach köstlich.

FÜR 4 PERSONEN

1 mittelgroßer Blumenkohl
Salz und frisch gemahlener schwarzer Pfeffer
2 Eßlöffel feingehackte Petersilie
1 Eßlöffel feingehackter Dill
2 Frühlingszwiebeln, fein gehackt
1 knapper Teelöffel Weinessig
1 kleine Knoblauchzehe, sehr fein gehackt
1 Spritzer oúzo oder ein anderer Anisschnaps
3 Eßlöffel Olivenöl

Den Blumenkohl in Röschen brechen, die zarten und makellosen Blätter dabei nicht entfernen. Die Röschen in etwa 3,5 Liter kochendem Salzwasser 4–5 Minuten blanchieren, bis sie soeben weich sind. Herausnehmen und abtropfen lassen. Wenn sie für Ihren Geschmack etwas zu hart sind, mit der Zubereitung fortfahren, ohne sie abzuschrecken. Wenn sie genau richtig (oder etwas zu weich) sind, mit kaltem Wasser abschrecken, um ein Nachgaren zu verhindern.

Den abgetropften Blumenkohl in eine Schüssel legen und mit Petersilie, Dill und Zwiebeln bestreuen. Essig, Knoblauch und *oúzo* zusammen in eine kleine Schüssel geben und mit Salz und Pfeffer würzen. Das Olivenöl einrühren, über den Blumenkohl gießen und mischen. Heiß oder kalt servieren.

PRÁSSA TOU TAPSIOÚ

GESCHMORTER LAUCH

Genauso wie es heutzutage kaum pikante Gerichte ohne Zwiebeln als Zutat gibt, gab es früher wenige pikante Vorspeisen, zu denen kein Lauch gehörte. Unter anderem glaubte man, daß man von dieser Gemüseart eine klangvolle Singstimme bekäme.

FÜR 6–7 PERSONEN

1 kg Lauch
2 Eßlöffel feingehackte frische Minze
3 Eßlöffel feingehackter frischer Dill
4 Eßlöffel feingehackte glattblättrige Petersilie
Salz und frisch gemahlener schwarzer Pfeffer
125 ml fruchtiges Olivenöl

Die äußeren zähen Blätter des Lauchs entfernen und an der Stelle abschneiden, wo das Grün heller wird. Die bärtigen Wurzelstücke abschneiden und den Rest der Länge nach in der Mitte aufschneiden. Gut waschen, um sämtlichen Schmutz zu entfernen, der sich zwischen den Schichten versteckt.

Den Lauch in eine Auflaufform oder Kasserolle legen und mit Kräutern, Salz und Pfeffer bestreuen. Das Olivenöl und 250 ml kochendes Wasser zugießen und das Ganze zudecken. In einem vorgeheizten Backofen bei 180° C 35–40 Minuten garen, bis er zart ist.

KOLOKÝTHA YEMISTÍ ME LAHANIKÁ

KÜRBIS, GEFÜLLT MIT GEMISCHTEM GEMÜSE

Griechische Kürbisse, die eigentlich eßbare Gurden (Flaschenkürbisse) sind, sehen aus wie unförmige Monster und wiegen im allgemeinen um die 9 kg.

Wir haben in unserem Garten eine Grube, in der wir manchmal, bei größeren Anlässen, ganze Mahlzeiten einschließlich dieses Rezeptes in einem rund 20 Pfund schweren Kürbis kochen. Er ist als dekorativer, eßbarer Behälter sowohl festlich als auch praktisch.

FÜR 8 PERSONEN

1 Kürbis, 1,8–2 kg
6 Eßlöffel fruchtiges Olivenöl
175–200 g Lauch
einschließlich des hellen Grüns, gewaschen und in Scheiben geschnitten
2 kleine Rüben, geschält und gewürfelt
175–200 g grüne Bohnen, geputzt und in Scheiben geschnitten
1 kleiner Fenchel, in Scheiben geschnitten
175–200 g Kohl, in Streifen geschnitten
Spitzen und Blätter von 3–4 Staudensellerie, fein gehackt
2 Knoblauchzehen, fein gehackt
½ Teelöffel Bergthymian (s. Seite 16)
Salz
1 Teelöffel Honig
feingeriebene Schale von ½ Zitrone und 1 Teelöffel Saft
1 Teelöffel frisch gemahlener schwarzer Pfeffer
75 g Weizenschrot
50 g glattblättrige Petersilie, fein gehackt
25 g frischer Dill oder Minze, fein gehackt
1–2 Lorbeerblätter
und eine Handvoll Zitronenblätter oder ein paar Kohlblätter

Den Kürbis waschen und trocknen. Oben einen Deckel abschneiden, der groß genug ist, um die Füllung hineinzugeben und herauszuholen. Den Teil, der von Kernen durchsetzt ist, herausholen und wegwerfen. Wenn der entstandene Hohlraum sehr klein ist, etwas Kürbisfleisch ausschöpfen und zu der Füllung geben.

In einem Topf mit schwerem Boden 3 Eßlöffel Olivenöl erhitzen und Lauch, Rüben, grüne Bohnen, Fenchel,

OBST- UND GEMÜSELADEN *Die zahlreichen Fastentage der griechisch-orthodoxen Kirche haben aus den Griechen große Gemüseesser gemacht.*

Kohl, Sellerie und Knoblauch darin mischen und mit Thymian und Salz bestreuen. Zudecken und 5–7 Minuten andünsten. Den Deckel abnehmen und bei großer Hitze unter ständigem Rühren etwas von der Flüssigkeit verdampfen lassen, jedoch darauf achten, daß das Gemüse nicht anbrennt. Von der Kochstelle nehmen.

In einer kleinen Schüssel die übrigen 3 Eßlöffel Öl mit dem Honig, der Zitronenschale und dem Zitronensaft sowie dem Pfeffer verrühren. Das Gemüse mit dem Weizenschrot, der Petersilie, dem Dill und diesem Dressing vermischen. Mit einem Löffel in den Hohlraum des Kürbis füllen und den Deckel wieder aufsetzen.

Die Lorbeer- und Zitronen- oder Kohlblätter in einem Bräter so auslegen, daß der Kürbis genau darauf paßt. Den Kürbis auf die Blätter setzen und in einem vorgeheizten Backofen bei 190° C etwa 1½–2 Stunden backen – bis das eßbare Kürbisfleisch zart ist.

ANGINÁRES ME KOUKIÁ

ARTISCHOCKEN MIT FRISCHEN SAUBOHNEN

Die im Mittelmeerraum beheimatete Artischocke ist kleiner und sehr viel zarter als die große, haarige Sorte, die in der Bretagne wächst. Man kann sie ganz, einschließlich des Strunks, bis fast zum Ende der Saison essen. Die meisten im Handel erhältlichen Artischocken gehören der großen Artischockenart an, die vor der Zubereitung dieses Gerichts einige Aufmerksamkeit verlangt. Falls erhältlich, nehmen Sie die kleinere Mittelmeerartischokke, wenn sie ganz frisch ist – doch würde ich immer mehr Wert auf Frische als auf Echtheit legen.

FÜR 8 PERSONEN

4–8 Artischocken, je nach Größe
1 Eßlöffel Zitronensaft
125 ml fruchtiges Olivenöl
1 kg Saubohnen, enthülst
3 Stangen junger Lauch, der Länge nach aufgeschnitten und gewaschen, dann in 4 cm große Stücke geschnitten
Salz und frisch gemahlener schwarzer Pfeffer
25 g glattblättrige Petersilie, gehackt
15 g frischer Dill, gehackt
2 Eßlöffel feingehackte Minze
geriebene Schale und Saft von 1 Zitrone

Die äußeren holzigen Blätter der Artischocken entfernen und die übrigen auf eine Länge von 3–4 cm schneiden. Die fleischlosen Jungblätter und das Heu entfernen und den Stiel auf etwa 2,5 cm schneiden, falls das Gemüse klein und weich ist, sonst die zähen Stiele ganz entfernen. Sehr große Artischocken halbieren oder vierteln. Anschließend in eine Schüssel Wasser legen, das mit Zitronensaft gesäuert ist, damit sie während der Zubereitung nicht an Farbe verlieren.

In einer großen feuerfesten Kasserolle das Olivenöl erhitzen und Bohnen, Artischocken und Lauch sowie Salz und Pfeffer zugeben. Etwa 5 Minuten sautieren, 250 ml Wasser zugießen, bedecken und 20 Minuten köcheln lassen. Die Kräuter, die Zitronenschale und den Zitronensaft zugeben und weitere 5–10 Minuten köcheln lassen, bis das ganze Gemüse zart ist.

MELITZÁNES TIS SKÁRAS

GEGRILLTE AUBERGINEN

Für mich gehört die griechische Küche zur kulinarischen Tradition des Orients, die sich rühmen kann, Auberginen auf über tausend verschiedene Arten zuzubereiten. Das folgende Rezept gehört wohl zu den einfachsten und schmackhaftesten.

Ich ziehe aus unerklärlichen Gründen die gefleckten bananenförmigen Auberginen vor. Falls Sie die dicken dunkelvioletten verwenden, halbieren Sie sie und schneiden Sie sie in Scheiben.

FÜR 4–6 PERSONEN

3–4 mittelgroße Auberginen (nach Möglichkeit längliche) etwa 700–800 g, der Länge nach in 5 mm dicke Scheiben geschnitten
Salz
1–2 Eßlöffel Olivenöl
2 Eßlöffel Vinaigrette
1 Eßlöffel feingehackte glattblättrige Petersilie
1 Teelöffel feingehackte frische Minze

Die Auberginenscheiben großzügig salzen, auf einen großen Teller legen und mit einem zweiten Teller beschweren. 30 Minuten ziehen lassen. Die Scheiben abwaschen und zwischen zwei Handtüchern trocknen, dabei gut auspressen, um den bitteren Saft zu entfernen.

Mit einem Teigpinsel die Scheiben leicht mit Olivenöl bestreichen. Etwa 2 Minuten auf beiden Seiten grillen, damit sie zart werden.

Heiß servieren, mit Vinaigrette beträufelt und mit einer Mischung aus Petersilie und frischer Minze bestreut.

FASOLÁTHA

WEISSE BOHNENSUPPE

Diese Suppe wird im Winter in ganz Griechenland wohl am häufigsten gegessen und zählt sicherlich zu den beliebtesten. Doch selbst diese einfache Bohnensuppe wirft Fragen auf. Karotten oder keine Karotten? Tomaten oder keine Tomaten? Knoblauch oder kein Knoblauch? Bei hartem Leitungswasser empfiehlt es sich, zum Einweichen und Kochen weiches Trinkwasser aus Flaschen zu nehmen, sonst werden die Bohnen niemals weich.

FÜR 6–8 PERSONEN

400 g mittelgroße weiße Bohnen wie Cannellini, über Nacht in kaltem Wasser eingeweicht
500 g Zwiebeln, in dünne Scheiben geschnitten
3 Eßlöffel fruchtiges Olivenöl
½ Teelöffel Zucker
250 g Karotten, in Scheiben oder Würfel geschnitten
Spitzen und Blätter von 6 Selleriestangen, gehackt
3 Knoblauchzehen, in Scheiben geschnitten
4 Eßlöffel feingehacktes frisches Bohnenkraut
1 Lorbeerblatt
1 Gewürznelke
1 ganze kleine scharfe frische rote Chili, oder ¼–½ Teelöffel Cayennepfeffer,
Salz

Die Bohnen abspülen, mit frischem Wasser bedecken und 10 Minuten kochen. Abgießen und erneut knapp mit heißem Wasser bedecken. Wieder zum Kochen bringen, zudecken und etwa 1–1½ Stunden köcheln lassen, bis sie zart sind.

Während die Bohnen garen, die Zwiebeln in Olivenöl sautieren, bis sie goldbraun werden, ab und zu einen Schuß Wasser zugeben, damit sie nicht anbrennen. Die Zwiebeln mit Zucker bestreuen und eine Minute darin karamelisieren, gelegentlich umrühren. Die Karotten, Sellerie, den in Scheiben geschnittenen Knoblauch, Bohnenkraut, Lorbeerblatt, die Gewürznelke und Chili oder Cayennepfeffer beigeben. 2–3 Minuten sautieren.

Wenn die Bohnen zart sind, das Gemüse und 2,4 Liter Wasser dazugeben und wieder zum Kochen bringen. 15 Minuten köcheln lassen, bis die Bohnen ganz weich sind. Mit Salz abschmecken und mit knusprigem Brot oder *kouloúria* – Sesamringen (s. Seite 49) – servieren.

FASOLÁTHA *links,* KOULOÚRIA *rechts (S. 49)*

HORTARIKÁ YEMISTÁ

GEFÜLLTES GEMÜSE

Mit den vielen raffinierten Arten zum Füllen zahlreicher Gemüsesorten ließe sich ein ganzes Kapitel gestalten. Einige sind recht ausgefallen und einige sehr elementar, einfach und schmackhaft. Dazu zählt das folgende Gericht, das sich Bäuerinnen ausgedacht haben, die keinen Herd besaßen (ein in ländlichen Gegenden Griechenlands noch heute recht häufig anzutreffender Notstand).

Für 6–8 Personen

3–4 große Tomaten
3–4 große Zwiebeln, gehäutet
½–1 Teelöffel Salz
½–1 Teelöffel Zucker
Zitronensaft zum Beträufeln
3–4 Paprikaschoten
3–4 mittelgroße Zucchini
250 g Langkornreis
4 Eßlöffel fruchtiges Olivenöl
700 g Hackfleisch vom Lamm oder Rind
frisch gemahlener schwarzer Pfeffer
40 g Frühlingszwiebel,
das Weiße und zarte Grün gehackt
25 g glattblättrige Petersilie, gehackt
15 g frische Minze, gehackt
1 Eßlöffel Rosenwasser
4–6 frische Zitronenblätter oder Kohl- oder Weinblätter
sowie ein Streifen Zitronenschale
2 Lorbeerblätter

Bereiten Sie zuerst das Gemüse. Die Tomaten mit dem Stielansatz nach unten legen und die Spitze abschneiden. Das Fruchtfleisch und die Kerne herausnehmen (das Fleisch aufheben) und die Tomaten umgedreht abtropfen lassen. Von den Zwiebeln Deckel abschneiden und das Innere aushöhlen, dabei etwa 1 cm dicke Wände stehen lassen und die ausgehobene Zwiebelmasse aufbewahren. Die Innenseiten der Zwiebeln mit Salz und Zucker bestreuen und mit Zitronensaft beträufeln.

Von den Paprikaschoten Deckel abschneiden und die Innenwände sowie die Kerne entfernen. Die Innenseiten mit Salz und Zucker bestreuen und mit Zitronensaft beträufeln. Die Stielenden der Zucchini abschneiden und das Gemüse der Länge nach halbieren. Das Fleisch entfernen und aufbewahren, dabei eine Wand von etwa 0,5–1 cm Dicke lassen. Auch hier die Innenseiten mit Salz und Zucker bestreuen und mit Zitronensaft beträufeln. Die Tomaten wieder umdrehen und die Innenseiten mit etwas Zucker bestreuen.

Das Gemüsefleisch in einem Mixer zerhacken oder pürieren und die Hälfte des Fruchtfleisches für eine Suppe oder einen anderen Zweck aufbewahren. In einem großen Kochtopf den Reis in einem Eßlöffel Olivenöl sautieren, bis er leicht glasig wird. Das Gemüsefleisch zugeben und weiterkochen, bis der größte Teil des Saftes aufgesaugt ist. Dann Lamm- oder Rinderhack, Salz und Pfeffer zugeben und unter gelegentlichem Rühren braten, bis das Fleisch Farbe annimmt. Von der Kochstelle nehmen, 10–15 Minuten abkühlen lassen und die Frühlingszwiebel, die Petersilie, Minze und das Rosenwasser unterrühren.

Die Füllung locker in das ausgehöhlte Gemüse geben und dabei so viel Platz lassen, daß der Reis etwas aufquellen kann, und die Deckel wieder aufsetzen.

Die Zitronen- oder anderen Blätter auf den Boden eines großen Schmortopfes legen. Die Zucchini darauf arrangieren und etwas Olivenöl darüber träufeln. Alle anderen Gemüse darauf legen und jeweils mit etwas Olivenöl beträufeln. Je nach Topfgröße erhält man 2–3 Schichten. Die Tomaten zuoberst setzen, damit sie herausgenommen werden können, falls sie vor dem anderen Gemüse gar sind. 250 ml kochendes Wasser in den Topf gießen und die Lorbeerblätter zugeben. Mit einem Teller, der in den Topfrand paßt, beschweren. Fest zudecken und schmoren lassen, hin und wieder nachsehen, ob noch etwas Wasser im Topf ist. Nach 30 Minuten die Tomaten überprüfen und, falls sie gar sind, aus dem Topf nehmen. Das übrige Gemüse weitere 15–30 Minuten köcheln lassen und heiß oder kalt servieren.

ÁGRIA MANITÁRIA ME YAOÚRTI

WALDPILZE IN JOGHURTSAUCE

Stellen Sie sich vor, Sie gehen vielleicht eines Tages in einem kleinen Tal, das wir ›Shangri-la‹ nennen, spazieren. Sie hören eine Frau »Ekho manitarákia!« rufen. »Es gibt Pilze!« Es ist Kiria Barbara, die ihren Bruder zum Essen ruft. Wenn Sie sich dort blicken lassen, lädt sie Sie ein, Pfifferlinge zu essen oder Reizker, die einen karottenfarbigen Saft abgeben, wenn man ihr Fleisch aufbricht.

FÜR 4 PERSONEN

700 g Waldpilze wie zum Beispiel Pfifferlinge
oder die gleiche Menge Zuchtpilze mit
40 g getrockneten Steinpilzen
oder anderen getrockneten Waldpilzen
½ Teelöffel Salz
2 Eßlöffel Cognac
100 g Lauch, das Weiße und Hellgrüne, längs aufgeschnitten und gewaschen
3 Eßlöffel und 1 Teelöffel fruchtiges Olivenöl
2 Eßlöffel frischer Thymian oder ½ Teelöffel getrockneter Bergthymian (s. Seite 16)
2 Knoblauchzehen, fein gehackt
100 g glattblättrige Petersilie, gehackt
15 Safranfäden,
in 1 Teelöffel kochendheißem Wasser eingeweicht
175 ml dicker Joghurt
Salz
und frisch gemahlener schwarzer Pfeffer

Die frischen Pilze mit Salz bestreuen. Ein paar Minuten ziehen lassen und mit einem feuchten Tuch vorsichtig abreiben. Große Pilze in Scheiben schneiden.

Getrocknete Pilze in 175 ml kochendheißem Wasser mit ½ Teelöffel Salz und dem Cognac mindestens 30 Minuten einweichen. Die Flüssigkeit abschütten und auffangen. Die Pilze unter fließendem Wasser abspülen, um eventuellen Sand zu entfernen, und grob hacken.

Den Lauch in dünne Scheiben schneiden und in einem großen Kochtopf in 3 Eßlöffeln Olivenöl leicht anbraten, bis er zart ist. Die Pilze, Thymian und Knoblauch zugeben und 1–2 Minuten rühren. Die Petersilie (und gegebenenfalls die aufbewahrte Pilzflüssigkeit) zufügen, rühren und 20–30 Minuten köcheln lassen. Wenn die Pilze zart sind und der größte Teil der Flüssigkeit verkocht ist, den Topf von der Kochstelle nehmen.

Die Safranfäden mitsamt ihrer Flüssigkeit und 1 Teelöffel fruchtigem Olivenöl in den Joghurt rühren. Das Ganze unter die Pilze rühren und heiß servieren – oder abkühlen lassen und mit knusprigem Landbrot und gedünstetem wilden Blattgemüse reichen.

FASOLÁKIA FRÉSKA LÁTHERA

GRÜNE BOHNEN IN TOMATENSAUCE

Nach einem altem Rezept wurden diese Bohnen in großen Mengen Öl so lange gekocht, bis sie fast auseinanderfielen.

FÜR 6 PERSONEN

3 Eßlöffel Olivenöl
1 große Zwiebel, 250 g, in dünne Scheiben geschnitten
½ Teelöffel Zucker
500 g Tomaten, gehäutet, entkernt und fein gehackt
4 sonnengetrocknete Tomaten (wahlweise frische), in Öl oder kleingeschnitten und in kochendheißem Wasser eingeweicht, zu einer groben Paste zerstoßen
3 Knoblauchzehen, geschält und fein gehackt
Spitzen und Blätter von 2–3 Selleriestangen, fein gehackt
1 Lorbeerblatt, leicht zerbröselt
1 Messerspitze frisch gemahlene Gewürznelke
1 Messerspitze frisch gemahlener Piment
Salz und frisch gemahlener Pfeffer
700 g frische grüne Bohnen, geputzt und in Hälften oder in Drittel gebrochen

In einem Topf mit schwerem Boden das Öl erhitzen und die Zwiebeln bei schwacher Hitze glasig dünsten. Mit Zucker bestreuen und 1 Minute unter Rühren karamelisieren lassen. Tomaten, Knoblauch, Sellerie, Lorbeerblatt, Nelke und Piment zugeben. Würzen und im offenen Topf etwa 10 Minuten köcheln lassen, bis die Sauce allmählich dick wird.

Die Bohnen in den Topf geben, umrühren, zudecken und weitere 15–20 Minuten garen, bis die Bohnen zart sind. (Die Kochzeit hängt auch davon ab, wie frisch die Bohnen sind.) Heiß oder kalt servieren.

LAHANIKÁ YAHNÍ

GEMÜSEEINTOPF

Dieses Gericht nennt man entweder *yuvech* nach dem irdenen Topf, in dem es gebacken wird, oder *yahní* (Eintopf), wenn es unter einem fest verschlossenen Deckel langsam gedämpft wird. Ich verwende die eine oder andere Methode, je nachdem, wo ich gerade mehr Platz habe. Einige Leute bröckeln gern *féta*-Käse hinein, wenn sie es heiß servieren, oder geben einen Schlag dicken Joghurt dazu, wenn sie es kalt servieren. Es kann als Hauptgericht für sechs Personen oder als Gemüsebeilage für die doppelte Anzahl serviert werden.

FÜR 6–12 PERSONEN

500 g Auberginen
350 g Zwiebeln, in Scheiben geschnitten
4 Eßlöffel Olivenöl
½ Teelöffel Zucker
250 g rote oder grüne Paprikaschoten, entkernt und in Scheiben geschnitten
250 g Zucchini, in runde Scheiben geschnitten
250 g frische grüne Bohnen (oder Okras, geputzt – s. Seite 23)
6 Knoblauchzehen, gehackt
500 g Tomaten, gehäutet, entkernt und fein gehackt
4–6 sonnengetrocknete Tomaten (wahlweise frische), mit der Küchenschere in kleine Stücke geschnitten und in 50 ml kochendheißem Wasser eingeweicht, oder in Öl eingelegte (ersatzweise auch 2 Eßlöffel Tomatenmark)
125 ml oúzo oder ein anderer Anisschnaps
2 Lorbeerblätter
2 Teelöffel frischer Thymian oder ½ Teelöffel Bergthymian (s. Seite 16)
¼ Teelöffel frisch gemahlener Zimt
¼ Teelöffel frisch gemahlene Gewürznelken
Salz und frisch gemahlener schwarzer Pfeffer
25 g glattblättrige Petersilie, gehackt

Die Auberginen würfeln und 30 Minuten oder mehr in stark gesalzenem Wasser einweichen. Gut abtropfen lassen und trockentupfen.

In einem Topf mit schwerem Boden (oder in einer feuerfesten Kasserolle) die Zwiebeln in 4 Eßlöffeln Olivenöl bei niedriger Hitze glasig werden lassen. Mit Zucker bestreuen und karamelisieren. Die Auberginenwürfel zugeben und braun anbraten. Paprika, Zucchini, Bohnen und den gehackten Knoblauch einrühren. Falls nötig, mehr Öl zugießen und bei großer Hitze unter häufigem Rühren 5 Minuten weitergaren.

Die gehackten Tomaten zugeben und so lange kochen, bis eine Sauce entsteht. Dann den *oúzo* zugießen und mit Lorbeerblättern, Thymian, Zimt, Gewürznelke, Salz und Pfeffer würzen.

Zugedeckt bei sehr schwacher Hitze schmoren lassen, bis die Flüssigkeit verkocht ist, oder aber den Eintopf (in einer irdenen Kasserolle oder nötigenfalls in einem Bräter) unbedeckt in einem vorgeheizten Backofen bei 180°C 30–40 Minuten garen. Die Petersilie einrühren und heiß oder kalt servieren.

FASÓLIA ME BRIK

SALAT VON WEISSEN BOHNEN MIT ROTEM KAVIAR

Der Schauplatz ist eine Fischerhütte in einem einsamen Vorgebirge auf der Insel. Seit Tagen weht ein heftiger Westwind, und Sie sind schrecklich hungrig. Draußen gibt es wildes Blattgemüse und Kräuter, die Sie pflücken können. Unter den Vorräten in Ihrem *kellári* befinden sich *fasólia* und *avgotáraho* (s. Seite 12). Statt *avgotáraho* habe ich Kaviar genommen, da er leichter zu bekommen ist.

FÜR 4–5 PERSONEN

250 g Gartenbohnen oder andere kleine weiße Bohnen
½–1 Teelöffel Salz
100 g Zwiebeln, fein gehackt
1½ Eßlöffel Olivenöl
feingeriebene Schale von 1 Zitrone, plus 2 Teelöffel Saft
½ Teelöffel oúzo
15 g glattblättrige Petersilie, fein gehackt
4 Teelöffel Kapern
8–10 Blätter Kopfsalat
175 g roter Kaviar oder Lachsrogen

Die Bohnen mit 5 cm kaltem Wasser bedecken und über Nacht einweichen lassen. Abgießen, in einen Kochtopf geben, mit frischem Wasser bedecken und zum Kochen bringen. 10 Minuten kochen, dann erneut abgießen. Zurück in den Topf geben, erneut mit Wasser bedecken und zum Kochen bringen. Köcheln lassen, dabei, wenn nötig, Wasser zugießen, bis die Bohnen zart sind, 1–2 Stunden je nach Bohnenart (Gartenbohnen brauchen etwas über 1 Stunde). Die Bohnen abgießen und ½–1 Teelöffel Salz zugeben.

Die Zwiebeln in dem Olivenöl zusammen mit der geriebenen Zitronenschale leicht anbraten, bis die Zwiebeln glasig sind. Aus der Pfanne nehmen und unter die Bohnen mischen. Den Zitronensaft, die Petersilie und die Kapern zugeben, verrühren und abkühlen lassen. (Das Gericht kann bis hierher im voraus zubereitet werden.)

Die Salatblätter auf einzelnen Salattellern anrichten, die Bohnen löffelweise darauf verteilen und jeweils mit einer kleinen Portion Kaviar dekorieren.

GEFÄHRLICHE SEE *Ein felsiger Küstenstreifen auf Kreta erinnert an die rauhere Seite des Insellebens.*

MAVROMÁTICA ME DOMÁTES

AUGENBOHNENSALAT MIT TOMATEN UND BASILIKUM

Beim Anblick von Augenbohnen gehen den Griechen die Augen über. Doch im Gegensatz zu ihren italienischen Nachbarn verwenden sie selten Basilikum in der Küche, obwohl die alten Griechen es gern aßen und es auf jeder Fensterbank und in jedem Garten wächst.

FÜR 4–5 PERSONEN

250 g getrocknete Augenbohnen
½–1 Teelöffel Salz
2 Teelöffel Weinessig
2 Eßlöffel fruchtiges Olivenöl
1½ Eßlöffel feingehackte Zwiebeln
25 g glattblättrige Petersilie, fein gehackt
700 g Tomaten, gehäutet, entkernt und gehackt
2 Eßlöffel zerpflückte frische Basilikumblätter
2 Teelöffel feingehackte Minze
1 Prise Zucker
Salz und frisch gemahlener schwarzer Pfeffer
8–10 Blätter Kopfsalat

Die Bohnen reichlich mit Wasser bedecken und über Nacht einweichen lassen. Abgießen, in einen Topf geben und mit frischem Wasser bedecken, zum Kochen bringen und 10 Minuten kochen lassen. Erneut abgießen und wieder mit frischem Wasser bedecken. Zum Kochen bringen und köcheln lassen, dabei, wenn nötig, Wasser zugießen, bis die Bohnen weich sind – etwa 30 Minuten.

Das Wasser abschütten und die Bohnen mit Salz, Essig, einem Eßlöffel Olivenöl, Zwiebeln und Petersilie verrühren, anschließend abkühlen lassen. (Das Gericht kann bis hierher im voraus zubereitet und einen Tag im Kühlschrank aufbewahrt werden.)

Die gehackten Tomaten mit einem Eßlöffel Olivenöl, dem Basilikum, der Minze, je einer Prise Salz und Zucker und etwas Pfeffer in eine Schüssel geben und 15 Minuten durchziehen lassen. Zwei Salatblätter auf jedem Teller anrichten, einen Löffel Bohnensalat darauf geben und darüber die Tomaten verteilen oder aber die Tomaten mit den Bohnen mischen und in einer großen Schüssel servieren.

PIPERIÉS KE ROTHÁKINO SALÁTA

PAPRIKA-PFIRSICH-SALAT

FÜR 8 PERSONEN

20 frische grüne Paprikaschoten, etwa 2 kg, gewaschen, ausgehöhlt und in etwa 4 cm breite Streifen geschnitten
1 Teelöffel Zucker
4–6 Eßlöffel fruchtiges Olivenöl
Salz und frisch gemahlener Pfeffer
6 große frische Pfirsiche, etwa 1,2 kg

KREUZKÜMMELDRESSING

1½ Teelöffel Kreuzkümmelsamen, geröstet (siehe unten)
¼ Teelöffel Cayennepfeffer
Salz
1 Teelöffel Zitronensaft

In einem großen flachen Bräter die Paprikastreifen ausbreiten, so daß nicht mehr als 3–4 übereinander liegen. Zucker, Salz, Pfeffer und Olivenöl untermischen. In einem vorgeheizten Backofen bei 190° C mindestens eine Stunde unbedeckt backen, bis die Ränder einzelner Paprikastreifen knusprig braun sind. Nach den ersten 30 Minuten wiederholt umrühren, damit sie nicht anbrennen oder am Boden festbacken. Wundern Sie sich nicht, wenn sie beträchtlich an Volumen verlieren.

Die Pfirsiche häuten – falls dies schwierig ist, zunächst in kochendem Wasser 1–2 Minuten blanchieren. Die Steine entfernen und das Obst in Scheiben schneiden. Mit den abgekühlten und abgezogenen Paprikastreifen vermischen – die Mengen sollten etwa gleich sein.

In einer Bratpfanne den Kreuzkümmelsamen ohne Fett bei mäßig großer Hitze rösten, bis sie etwas aufplatzen und eine graubraune Farbe annehmen. Die Pfanne rütteln, damit sie nicht anbrennen. Falls dies doch passiert, müssen Sie neue nehmen. Die gerösteten Samen zerstoßen und – mit Cayennepfeffer und Salz vermischt – über den Salat streuen. Den Salat mit dem Zitronensaft und einer Prise Pfeffer mischen und servieren.

MAVROMÁTICA ME DOMÁTES *oben*,
PIPERIÉS KE ROTHÁKINO SALÁTA *unten*

FAKÉS SALÁTA

LINSENSALAT

Das Leben auf der Erde ließe sich nach Linsen berechnen. Seit mehr als 8 000 Jahren ernähren wir uns von ihnen, und in Farbe, Geschmack und Struktur sind sie wie die Erde selbst. Sie schmecken zu jeder Gelegenheit und Jahreszeit.

Das folgende Rezept eignet sich für ein Sommergericht mit den zeitlosen Linsen. Ich serviere es oft zusammen mit dem Paprika-Pfirsich-Salat (s. Seite 72). Nach Meinung vieler Freunde und meiner Familie gehören beide mittlerweile untrennbar zusammen.

FÜR 8 PERSONEN

500 g große getrocknete braune oder grüne Linsen
1 Prise Natron (bei Bedarf)
2–3 Knoblauchzehen
175 g Zwiebeln, fein gehackt
4 Eßlöffel Olivenöl
1 Teelöffel frisch gemahlener Koriandersamen
½ Teelöffel frisch gemahlener Kreuzkümmelsamen
¼ Teelöffel Cayennepfeffer
Salz und frisch gemahlener schwarzer Pfeffer
2 Eßlöffel Weinessig
25 g glattblättrige Petersilie, fein gehackt
2 Eßlöffel feingehackte frische Minze

Die Linsen säubern: Obwohl sie vorgereinigt verpackt werden, sehe ich sie immer gründlich durch, um sicherzugehen, daß sich darunter keine als Linsen getarnte Steinchen befinden, an denen man sich die Zähne ausbeißen könnte. Die Linsen in einem Kochtopf knapp mit Wasser bedecken, bei hartem Wasser eine kleine Prise Natron zugeben. 10 Minuten kochen lassen.

Linsen abgießen und waschen. Zurück in den Topf geben, in frischem Wasser zum Kochen bringen. Knoblauch zugeben, zudecken und 20–30 Minuten weich kochen. Ab und zu die Wassermenge überprüfen. Je weniger Kochwasser man benutzt, desto schneller sind sie gar.

In der Zwischenzeit die Zwiebeln in 2 Eßlöffeln Olivenöl anbraten, bis sie eine schöne rötlich-braune Farbe annehmen. Die Gewürze, Salz und Pfeffer zugeben und eine weitere Minute lang sautieren. Die Linsen abgießen und mit 2 weiteren Eßlöffeln Olivenöl und dem Essig in die Zwiebeln einrühren und abkühlen lassen. Kurz vor dem Servieren mit den frischen Kräutern vermengen.

AVOCÁDO/NERÁNTZI SALÁTA

SALAT MIT AVOCADO UND SEVILLAORANGEN

Es heißt, daß athenische Sklaven ihre Freiheit dadurch gewinnen konnten, daß sie ein geschmackvolles neues Gericht kreierten. Wären damals in den Gärten von Athen Avocados und Sevillaorangen gewachsen, hätte ich meinen Herren mit diesem Wintersalat zugesetzt – einer besonders frischen Köstlichkeit. Er eignet sich ausgezeichnet als Beilage zu würzigen gegrillten Lammkoteletts (s. Seite 106) oder gegrillten Schweinekoteletts.

Sollte Orangensaft übrigbleiben, läßt sich ein Glas besonderer Vinaigrette damit zubereiten, indem man statt Zitronensaft oder Essig den Saft der Bitterorange verwendet.

FÜR 4 PERSONEN

6 Sevillaorangen, mit der Schale von 1 Frucht
1 Eßlöffel Honig
8–10 Blätter Römischer Salat, zerpflückt
1 Teelöffel Olivenöl
2 große reife Avocados
Salz
gerösteter Kreuzkümmelsamen, im Mörser zerkleinert (s. Seite 72)
1 Prise Cayennepfeffer
1 Teelöffel feingehackte frische Minze
4 Eßlöffel Granatapfelkerne

Die Schale von einer der Orangen mit einem scharfen Messer entfernen oder sehr dünne Streifen mit einem Kartoffelschälmesser abziehen (darauf achten, daß keine weiße Zwischenhaut daran haftet) und diese dann in hauchdünne Streifchen schneiden.

Den Honig mit 3 Eßlöffeln Wasser zusammen mit der Orangenschale in einen kleinen Topf geben und etwa 5 Minuten köcheln lassen, bis die Schale glasig wird. So lange kochen, bis die Flüssigkeit sich auf die Menge von einem Eßlöffel reduziert hat.

Die Orangen nacheinander schälen und filetieren, d. h. das Weiße und die das innere Fruchtfleisch umgebenden Zwischenhäute mit einem scharfen Messer entfernen. Dabei die Orangen über eine Schüssel halten, um den Saft der Früchte aufzufangen.

EIN KRANZ AUS WILDBLUMEN *Nach altem Brauch werden solche Kränze am 1. Mai geflochten und an die Haustür gehängt, damit sie das ganze Jahr über Glück bringen.*

Den zerpflückten Salat mit Olivenöl, einem Teil des Orangensaftes und einer Prise Salz vermengen. Den Salat gleichmäßig auf vier Salattellern anrichten.

Überschüssigen Saft von den Orangenstückchen abgießen, letztere mit einer Prise Salz und dem konzentrierten Honigsirup vermischen. Mit einem Löffel dekorativ auf den Salat geben. Für jeden Teller eine halbe geschälte, entkernte Avocado in Scheiben schneiden und über den Orangen anrichten. Mit etwas Orangensaft beträufeln, um ein Verfärben zu vermeiden, und mit einer Prise Salz sowie einer Mischung aus Kreuzkümmelsamen und Cayennepfeffer bestreuen. Obenauf etwas grüne Minze und einen Eßlöffel Granatapfelkerne geben. Sofort servieren.

POTATOSALÁTA ME THROÚMBES

KARTOFFELSALAT MIT OLIVEN, KAPERN UND ESSIGZWIEBELN

Kartoffelsalat gehört zu den Gerichten, die in jedem Haushalt – und je nachdem wer in der Küche steht und welche Vorräte zur Verfügung stehen – unterschiedlich ausfallen. Eine meiner Lieblingsvariationen wird mit Augenbohnen zubereitet.

Die Essigzwiebeln eignen sich wunderbar für dieses oder jedes beliebige andere Rezept. Auch in einem gemischten grünen Salat schmecken sie ausgezeichnet.

FÜR 4–6 PERSONEN

1 kg weichkochende Kartoffeln
Salz und frisch gemahlener schwarzer Pfeffer
250 g Zwiebeln, in dünne Scheiben geschnitten
2 Eßlöffel Weinessig
½ Teelöffel Zucker
150 g Kalamata oder throúmbes (griechische Oliven)
1 Eßlöffel Kapern
100 ml fruchtiges Olivenöl
1 Knoblauchzehe, fein gehackt
25 g glattblättrige Petersilie, fein gehackt

Die Kartoffeln ungeschält in reichlich Salzwasser kochen, bis sie soeben weich sind. Mit kaltem Wasser abschrekken, abgießen und so weit abkühlen lassen, daß sie in die Hand genommen werden können.

Die Zwiebeln in einen großen Topf legen, den Essig und 2 Eßlöffel Wasser zugießen und mit Zucker bestreuen. Die Flüssigkeit zugedeckt zum Kochen bringen. Rühren, wieder zudecken und eine weitere Minute köcheln lassen. Den zugedeckten Topf schütteln und 5 Minuten zum Dämpfen beiseite stellen.

Die Kartoffeln pellen, in Scheiben oder große Würfel schneiden und in eine Servierschüssel geben. Die Oliven, die Kapern und die Essigzwiebeln – mit ihrem Saft – darauf verteilen, Olivenöl, Knoblauch und Petersilie dazugeben. Vermischen und abschmecken.

FISCHE UND SCHALENTIERE

Die Gewässer, die die Inseln umspülen, füllen die Netze der Fischer mit reichem Fang – von riesigen Tintenfischen, Thunfischen und Seebarschen bis hin zu Seebarben, Hornhechten und winzigen Kalmaren –, und die Methoden ihrer Zubereitung sind unzählig.

Lithríni Plakí *(S. 84)*

Im Sommer legt sich ein gewaltiger Hitzeschleier über die Insel. Der einst azurblaue Himmel hat die kaum noch wahrzunehmende Farbe von gebleichten Knochen, die verstreut in der Wüste herumliegen. Geht man um die Mittagszeit durch die Stadt, ist es, als mache man einen Spaziergang durch eine vollkommen menschenleere Stadt. Das Unkraut, das im Frühling zwischen den Pflastersteinen hervorsproß, ist so trocken, daß es unter den Füßen zerbröselt. Hunde und Katzen liegen erschöpft unter Tischen.

Am frühen Abend kehrt allmählich Leben in die Stadt zurück, und bei Einbruch der Dunkelheit herrscht reges Treiben. Wer keinen Garten oder Hof hinter seinem Haus hat, stellt einen Tisch, Stühle und einen kleinen Grill auf die Straße. Kinder spielen draußen, während sie in kühleren Ländern um diese Zeit ins Bett gehen müssen. Die leiseste Brise erzeugt eine Volksfeststimmung; Nachbarn und Nachbarinnen bieten sich gegenseitig einen Fisch oder ein Stück Tintenfisch von ihrem Grill an, den man *foufoú* nennt, weil man ihn, um ihn anzuzünden, anblasen muß, was ein Geräusch erzeugt, das wie *foufoú* klingt. In den Tavernen unten am Meer zischt es und riecht es nach brutzelnder See – frischer Fisch auf dem *foufoú*. Sommernächte und gegrillter Fisch gehören untrennbar zusammen.

Auch die Fastenzeit ist ohne Meeresfrüchte undenkbar. Den ersten Tag der Fastenzeit – ein für gewöhnlich windiger Tag im Februar – verbringt normalerweise jeder im Freien; man veranstaltet ein Picknick und läßt Drachen steigen. Ebenso wie Fleisch, Milch und Eier ist Fisch mit Blut in der griechisch-orthodoxen Kirche während dieser Zeit verboten, und so besteht das Picknick am sogenannten ›Sauberen Montag‹ traditionellerweise unter anderem aus Seeigeln, Austern und Herzmuscheln, die alle frisch gefangen sind und nur mit etwas Saft einer frisch gepflückten Zitrone genossen werden. Es gibt sehr viel eingelegtes Gemüse und *taramosalatá* mit *lagána*, dem Fladenbrot, das eigens für diesen Tag gebacken wird. Und es gibt Römischen Salat mit vielen Frühlingszwiebeln und frischen Kräutern. Möglicherweise gibt es auch Garnelen und Krabben. Die übrigen Krustentiere und zweischaligen Muscheln einschließlich Kuttelfische, Kalmare, Tintenfische, Langusten, Miesmuscheln sowie alle Produkte aus Fischrogen ißt man während dieser Zeit in großen Mengen. Tintenfische, die wie Wäsche an der Leine hängen, waren früher auf der Insel ein ganz normaler Anblick. Sie wurden luftgetrocknet, um sie anschließend für die Fastentage zu lagern.

Auf der rückwärtigen Seite der Insel Hydra gibt es eine Höhle, in die man, wenn man leise genug ist, hineinschwimmen kann, ohne die Eisvögel mit ihrem türkisfarbenen Gefieder zu stören, die dort ihre Nester bauen. Der sandige Meeresgrund ist spärlicher mit Seegras bewachsen als früher, und die Seeigel, obwohl sie noch immer köstlich schmecken, werden jedes Jahr seltener, ein sicheres Zeichen dafür, daß die klaren Gewässer hier ebenso bedroht sind wie anderswo in der Ägäis und im Mittelmeer. Mein Freund Argiris, ein Fischer, hat mir erzählt, daß in den letzten zehn Jahren zehn Fischarten aus dem Saronischen Golf verschwunden sind.

Ich hoffe, unsere Enkel werden nicht erst im Reagenzglas Aminosäuren und Enzyme mischen müssen, damit sie in etwa erfahren können, wie die Köstlichkeiten geschmeckt und gerochen haben, die in ›altmodischen‹ Kochbüchern wie diesem hier beschrieben werden. Ich wünsche ihnen, daß sie erleben, wie aufregend es ist, spielende Delphine zu sehen, einen glänzenden Seestern anzufassen oder einen einfachen frischen Fisch zu kosten.

Es ist noch nie vorgekommen, daß mir ein frischer Fisch nicht geschmeckt hätte, aber ebensowenig, daß ich auf die Bekanntschaft eines nicht ganz frischen Fisches nicht dankend verzichtet hätte. Wenn seine Augen nicht mehr leuchtend und klar sind, lassen Sie ihn liegen. Ist er filetiert worden, sollte sein Fleisch fest und elastisch sein.

Wenn Sie in Küstennähe wohnen, läßt sich jedes Gericht in diesem Kapitel mit jedem beliebigen frischen Fisch zubereiten. Wenn Sie im Landesinneren wohnen, können Sie die Süßwasserfische genausogut verwenden. Es entspricht dem Geist der griechischen Inselküche, das Beste aus dem, was vorhanden ist, zu machen. Ich habe die Methoden und Zutaten variiert, so daß Sie, mit geringfügigen Abwandlungen, theoretisch jeden Fisch für jedes Rezept in diesem Kapitel nehmen können und Ihre Speisen niemals eintönig finden werden.

GARITHÓSOUPA ME SCORTHALIÁ

GARNELENSUPPE MIT PAPRIKA UND MANDEL-KNOBLAUCH-SAUCE

Als ich das letzte Mal Garnelen direkt aus dem Meer gegessen habe, wurden sie von den Fischern direkt aus dem Netz auf Glutasche geschüttet, die an einem nur von Mondlicht erhellten Strand glühte; das war in einem anderen Teil des Mittelmeerraumes, vor über 25 Jahren. Vielleicht waren es die Zeit, der Ort und meine Jugend, die zusammen eine unglaublich köstliche Erinnerung schufen, deren Geschmack ich wohl niemals wiederfinden werde.

Am ratsamsten ist es, frische oder schockgefrorene ungekochte Garnelen zu kaufen. Letztere werden auf den Garnelenfangbooten tiefgefroren und sind so frisch, wie man es sich nur wünschen kann. Einige Fischhändler haben die Angewohnheit, die schockgefrorenen Tiere aufzutauen und als frisch zu verkaufen. Es ist daher besser, sie gefroren zu kaufen und selbst aufzutauen.

Für 4–5 Personen

750 g große rohe Garnelen mit Kopf, aus den Schalen gelöst
450 ml Samos oder ein anderer Muskatellerwein
1 Lorbeerblatt
1 Rosmarinzweig
1 kleine rote Chilischote
1 Streifen dünn abgeschnittene Zitronenschale
Salz
350 g rote Paprikaschoten
250 g Zwiebeln, in dünne Scheiben geschnitten
2–3 Eßlöffel Olivenöl
1 Knoblauchzehe, fein gehackt
Spitzen und Blätter von 2–3 Selleriestangen, gehackt
2 Eßlöffel feingehackte frische Minze oder Basilikum
4–5 Stücke paximáthia, Zwieback (s. Seite 11), oder ein Stück geröstetes Vollkornbrot pro Person, scorthaliá (s. rechte Spalte unten) als Beilage

Die Garnelenschalen, den Wein, 900 ml Wasser, das Lorbeerblatt, den Rosmarin, Chili und Zitronenschale in einen Suppentopf geben und Salz zufügen. Zum Kochen bringen und im offenen Topf 20 Minuten köcheln lassen, anschließend durchseihen.

Die Paprikaschoten auf eine Tranchiergabel oder einen Fleischspieß stecken und unter ständigem Drehen über eine Flamme halten, bis die Haut Blasen wirft. (Wenn Sie nicht mit Gas kochen, können Sie sie grillen.) Die Schoten in eine Papier- oder Plastiktüte legen, die Tüte fest verschließen und 5–10 Minuten ruhen lassen. Die Haut ablösen und den Stiel sowie die Kerne entfernen. Die Hälfte der Paprikaschoten in dünne Streifen schneiden und zurücklegen. Die verbleibenden Schoten in einem Mixer pürieren oder mit einem Stößel im Mörser zerstampfen.

In einer feuerfesten Kasserolle die Zwiebeln in dem Olivenöl bei niedriger Hitze glasig werden lassen. Den Knoblauch, den Sellerie und den roten Paprika zugeben und 5–10 Minuten anbraten. Die Garnelen grob hacken und zusammen mit dem pürierten Paprika in den Topf geben. 1–2 Minuten köcheln lassen – bis die Garnelen rosarot werden. Die Fischbrühe zugießen und gut erhitzen. Abschmecken und anschließend mit der Minze und dem Basilikum bestreuen.

Zum Servieren ein Stück *paximáthia* mit *scorthaliá* bedecken und auf den Boden eines Suppentellers legen. Die Suppe mit einer Suppenkelle darauf geben.

SCORTHALIÁ

MANDEL-KNOBLAUCH-SAUCE

Diese vielseitig verwendbare Sauce wird gewöhnlich nur mit Brot oder Kartoffelpüree zubereitet. Man ißt sie, heiß oder kalt, zu gebratenem Fisch – vor allem gepökeltem Kabeljau oder Hai – und zu gekochtem Gemüse. Probieren Sie sie mit hartgekochten Eiern oder in eine Suppe oder einen Eintopf eingerührt, wenn diese etwas Pfiff gebrauchen können.

Ergibt etwa 8–10 Portionen

6–8 Knoblauchzehen
½ Teelöffel Salz
150 g Mandeln, blanchiert und fein gemahlen
50 g altbackene Brötchen, eingeweicht und ausgedrückt
175–250 ml fruchtiges Olivenöl
Saft von einer großen Zitrone

Den Knoblauch mit dem Salz in einem Mörser zerstampfen. Die Mandeln und Brotreste zugeben und weiter zerstampfen, bis alles geschmeidig ist. Das Olivenöl tröpfchenweise einrühren, bis man eine dicke cremige Emulsion erhält. Mit 2–3 Eßlöffeln Zitronensaft und Salz abschmecken.

KAKAVIÁ

FISCHSUPPE MIT GEMÜSE

Ein *kakăvin* war ein Schmortopf, den griechische Fischer im Altertum auf ihren Booten bis nach Massilia, das von ihnen gegründete heutige Marseille, mitnahmen. Er ist der Vorfahre des französischen *marmite*. Das Gericht enthält fünf verschiedene Klippenbarscharten aus dem Mittelmeer: der *scorpios* oder Skorpionsfisch ist bei jedem beliebt. Auch die übrigen – *mylokopi, lychnos, sparos* und *drakena* – lassen sich gut in Suppen verarbeiten, denn sie sind schmackhaft und bleiben beim Kochen ganz, worauf man unbedingt achten sollte, wenn man nach einem Ersatz für sie sucht. Versuchen Sie Lachs, Seehecht, frischen Kabeljau, Steinbutt, Makrele, oder kombinieren Sie sie nach Belieben.

Falls Sie einen Skorpionsfisch nehmen, ist es ratsam, mit einer Küchenschere die Spitzen der Stachel abzuschneiden, bevor man ihn säubert und entschuppt.

Ebenso wie andere Fischgerichte wird dieses Gericht häufig in zwei Gängen serviert – zuerst die Suppe, dann der Fisch, der in der Suppe gekocht wurde. Ich serviere sie am liebsten zusammen und habe so, mit Brot und einem großen Salat, ein Hauptgericht.

FÜR 6–8 PERSONEN

2 kg Drachenkopf,
Skorpionsfisch oder ein anderer grätiger
Suppenfisch mit Kopf, entschuppt, ausgenommen,
gewaschen und in große Stücke geschnitten
500 g Zwiebeln, gehackt
250 g Lauch, gewaschen und das Weiße gehackt
4 Eßlöffel fruchtiges Olivenöl
50 Safranfäden
250 g Karotten, gewürfelt
Spitzen und Blätter von Selleriestangen, gehackt
1 kg Tomaten, gehäutet, entkernt und fein gehackt
4 Knoblauchzehen, fein gehackt
1 kleiner scharfer roter getrockneter Chili
1 Eßlöffel frischer Thymian oder
1 Teelöffel getrockneter Bergthymian
(s. Seite 16)
2 Lorbeerblätter
feingeriebene Schale von 1 Sevillaorange mit Saft
oder Saft von ½ Zitrone und ½ süßen Orange
50 ml oúzo oder ein anderer Anisschnaps
2 Eßlöffel feingehackte frische Minze
100 g glattblättrige Petersilie, fein gehackt

In einer feuerfesten Kasserolle die Zwiebeln und den Lauch bei schwacher Hitze glasig braten. In der Zwischenzeit 125 ml kochendheißes Wasser über die Safranfäden in eine Tasse gießen.

Die Karotten, den Sellerie, das Tomatenfleisch, den Knoblauch, Chili, Thymian, die Lorbeerblätter und die Orangenschale in den Topf geben und 10 Minuten köcheln lassen, bis die Sauce eindickt. Den *oúzo* und 1,2

Liter Wasser zugeben. Weitere 20 Minuten köcheln lassen.

Die Minze und den Safran mit seiner Einweichflüssigkeit einrühren. Vorsichtig den Fisch dazugeben und 5–10 Minuten köcheln lassen, bis der Fisch gar ist, aber nicht von den Gräten fällt.

Die Petersilie und den Orangen- (und Zitronen-)saft zugeben und mit knusprigem Landbrot servieren.

PASTELLTÖNE *Das Lindgrün und das kraftvolle Rosa dieser Fischerboote bilden einen schrillen Gegensatz zu einem tiefblauen Meer.*

KIRCHE AUF MILOS *(umseitig) Ein allgegenwärtiges Bild auf den Kykladen-Inseln: blendendes Weiß gegen strahlendes Blau – typisch für Griechenland.*

SOUPIÉS ME SPANÁKI

KUTTELFISCH ODER KALMAR MIT SPINAT

Die Unterschiede zwischen Kuttelfischen und Kalmaren sind für einheimische Fischer und Meeresbiologen augenfälliger als für unsereinen. Für den Koch ist es wichtig zu wissen, daß diese schmackhaften Tiere zäh werden, es sei denn, man brät sie 3 Minuten oder weniger (in der Friteuse oder Bratpfanne) oder aber länger als 20 Minuten. Alles dazwischen macht sie zäh wie Gummi. Die Kuttelfische und Kalmare haben in Griechenland intakte Tintenbeutel, weil sie mit der Angel gefangen werden – wenn sie mit dem Netz gefangen werden, stoßen sie ihre Tinte als Reaktion darauf aus. Es lohnt sich, Fische mit Tintenbeutel zu nehmen, sofern sie überhaupt zu bekommen sind, doch schmeckt dieses Gericht auch dann hervorragend, wenn man sich ohne sie begnügen muß.

FÜR 6–8 PERSONEN

1 kg kleine Kuttelfische oder Kalmare
nach Möglichkeit mit intakten Tintenbeuteln
1 Eßlöffel oúzo oder ein anderer Anisschnaps
250 g milde Gemüsezwiebeln, fein gehackt
3 Eßlöffel Olivenöl
2 Knoblauchzehen, fein gehackt
350 g Tomaten, gehäutet, entkernt und fein gehackt
2 sonnengetrocknete Tomaten
(in Öl oder kleingeschnitten und in kochendheißem
Wasser eingeweicht), zu einer Paste zerstampft,
oder 2 Teelöffel Tomatenmark
15 g glattblättrige Petersilie, fein gehackt
15 g frischer Dill, fein gehackt
250 ml Rot- oder Weißwein nach Belieben
Salz und frisch gemahlener schwarzer Pfeffer
500 g Spinat

Zum Reinigen der Kuttelfische oder Kalmare die Eingeweide an den Köpfen aus den Körpern ziehen. Über den Augen einschneiden, um die Fangarme zu lösen; diese mit den Körpern zurückbehalten. Versuchen Sie, in den Eingeweiden die Tintenbeutel zu finden: sie sind klein und haben eine silbrige Außenhaut. Die Beutel heraustrennen, ohne sie zu verletzen, und in ein kleines Sieb legen. Der Rest ist nicht verwendbar.

Das ›Skelett‹ aus den Körpern herausnehmen. Kuttelfische haben einen dicken, aber leichten weißen Schulp, der vielleicht herausgeschnitten werden muß, während die durchscheinende Schale bei Kalmaren normalerweise herauskommt, wenn man sie biegt. Die Außenhaut vom Körper schälen – was leichter geht, wenn Sie vorher die Finger mit Salz einreiben. Die Körper innen und außen waschen und in mundgerechte Stücke schneiden.

Das Sieb mit den Tintenbeuteln auf eine kleine Schüssel oder eine Tasse stellen, die Beutel mit der Rückseite eines Löffels zerdrücken und so viel Tinte wie möglich herauspressen. Den *oúzo* zugießen und so lange weiterdrücken, bis auch der letzte Tropfen aufgefangen ist. Die Tinte in den Kühlschrank stellen, bis sie gebraucht wird.

In einer feuerfesten Kasserolle die Zwiebeln in dem Olivenöl langsam glasig braten. Die Kuttelfisch- oder Kalmarstücke zugeben und 5 Minuten weiter braten. Den Knoblauch, die gehackten Tomaten und die Tomatenpaste, Petersilie, Dill und Wein zugeben, würzen und 30 Minuten köcheln lassen.

In der Zwischenzeit den Spinat waschen, die dicken Stiele entfernen und die Blätter zerpflücken. Nach 30 Minuten den Spinat und die Tinte in die Pfanne geben. Weitere 10 Minuten köcheln lassen. Mit Reis oder selbstgemachten Nudeln – *hilopíttes* (s. Seite 51) – servieren.

LITHRÍNI PLAKÍ

GEBACKENE MEERBRASSE MIT TOMATEN UND OLIVEN

Blumenkohlsalat (s. Seite 63) oder gedünstete Zucchini, beträufelt mit Zitronensaft und Olivenöl, sind eine ideale Beilage zu diesem herrlichen gebackenen Fisch.

Statt der Meerbrasse kann man Kabeljau, roten Schnapper, Heilbutt oder sogar Hai- oder Thunfisch verwenden, je nach persönlichem Geschmack oder Angebot. Für die meisten dieser Fische gilt die Faustregel, daß sie, wenn sie sehr groß sind, in Scheiben oder Steaks geschnitten werden sollten (eine Alternative wäre der Kauf von fertigen Filets beim Fischhändler). Einen mittelgroßen Fisch sollte man auf beiden Seiten an zwei oder drei Stellen aufschlitzen und eine Scheibe Knoblauch in jeden Schlitz hineingeben. Kleine Fische ganz lassen.

Falls der Fischhändler die Fische nicht gesäubert und geschuppt hat, halten Sie sie unter fließendes Wasser und schaben Sie die Schuppen vom Schwanz zum Kopf hin mit einem Messer ab. Halten Sie die Fische hinten am Kopf fest und schieben Sie dann den linken Daumen (wenn Sie Rechtshänder oder Rechtshänderin sind) unter die linke Kieme. Schlitzen Sie den Bauch bis knapp unter die Kiemen auf. Führen Sie die Spitze des Messers seitlich in das Maul ein (knapp unter den unteren Zähnen) und machen Sie den Schnitt. Stecken Sie Ihren rechten Zeige- und Mittelfinger in den Schlitz unterhalb der Zähne, und ziehen Sie mit einem einzigen schnellen, kräftigen Ruck nach unten die Kiemen und Eingeweide zusammen heraus.

FÜR 6 PERSONEN

6 Fischsteaks, etwa 200 g pro Stück,
oder 3 mittelgroße Fische (von etwa je 600 g),
geschuppt und ausgenommen
350 g Zwiebeln, in dünne Scheiben geschnitten
4 Eßlöffel fruchtiges Olivenöl
1 Teelöffel Honig
500 g Tomaten, gehäutet, entkernt und gehackt
4–5 Knoblauchzehen, fein gehackt
1 Lorbeerblatt, zerkleinert
¼ Teelöffel Bergthymian (s. Seite 16)
2 Eßlöffel Orangensaft
2 Eßlöffel oúzo oder ein anderer Anisschnaps
Salz und frisch gemahlener schwarzer Pfeffer
100 g Kalamata-Oliven, entsteint und grob gehackt
2 Eßlöffel Kapern
40 g Fenchelspitzen, fein gehackt

Den Fisch waschen und vorbereiten und in einer Schicht in einer eingefetteten Auflaufform auslegen. In einer schweren Bratpfanne die Zwiebeln in dem Öl bei niedriger Hitze glasig braten. Den Honig, die gehackten Tomaten, den Knoblauch, das Lorbeerblatt, den Thymian, den Orangensaft und *oúzo* zugeben und mit Pfeffer würzen. Zugedeckt köcheln lassen, bis die Sauce eindickt – etwa 10 Minuten.

Die Oliven, die Kapern und den Fenchel einrühren und alles über den Fisch gießen. In einem vorgeheizten Backofen bei 180° C etwa 30 Minuten backen. Die Sauce vorsichtig abschmecken, da sowohl die Oliven als auch die Kapern ziemlich salzig sind. Dazu knuspriges Brot servieren.

SCOUMBRÍ ME AROMATICÁ

MAKRELEN MIT KRÄUTERN

Zu diesem Gericht esse ich gern schlichten gedünsteten Basmati-Reis und einen Tomaten-Löwenzahn-Salat.

FÜR 4 PERSONEN

4 Makrelen, etwa 350 g pro Stück, ausgenommen
1 Zitrone
Salz und frisch gemahlener schwarzer Pfeffer
350 g Zwiebeln, in Scheiben geschnitten
4 Eßlöffel Olivenöl
6 Zitronenblätter oder Kohl- oder Weinblätter
2 Zweige Thymian
250–350 ml Fischbrühe oder Kräuterbrühe
(s. Seite 37), heiß
2 Eßlöffel Mehl
100 g glattblättrige Petersilie, fein gehackt
50 g frischer Dill, fein gehackt
2 Eßlöffel feingehackte frische Minze
1 Eßlöffel Zitronensaft

Den Fisch waschen und innen trockenreiben. Von innen und außen mit Zitronensaft beträufeln, mit Salz und Pfeffer bestreuen und zur Seite legen.

In einer schweren Bratpfanne die Zwiebeln langsam in 2 Eßlöffeln Olivenöl glasig braten. Eine eingefettete Auflaufform (der Größe der Makrelen entsprechend) mit den Zitronenblättern oder anderen Blättern auslegen und darüber eine Schicht Zwiebeln verteilen. 2 Zweige Thymian auf die Zwiebeln legen und darauf in einer Schicht die Fische geben. So viel heiße Fisch- oder Kräuterbrühe darüber gießen, daß alles soeben bedeckt ist. Mit Folie abdecken und in einem vorgeheizten Backofen bei 180° C 30 Minuten backen.

In der Zwischenzeit 2 Eßlöffel Olivenöl in einem Kochtopf erhitzen und das Mehl mit einem Holzlöffel einrühren, bis sich eine geschmeidige Masse ergibt. Den Fisch, sobald er gar ist, herausnehmen und auf eine vorgewärmte Servierplatte legen. Die heiße Brühe, in der der Fisch gegart wurde, abschütten und in das Mehl einrühren. Unter gelegentlichem Rühren köcheln lassen, bis die Sauce die gewünschte Konsistenz hat. Die Petersilie, den Dill und die Minze zugeben und verrühren. Mit Zitronensaft (etwa 1 Eßlöffel) abschmecken, Salz und Pfeffer zugeben und 5 Minuten köcheln lassen.

Den Fisch mit einer dünnen Schicht Kräutersauce überziehen. Die übrige Sauce in eine Sauciere füllen.

BARBOÚNIA SE KLIMATÓFYLLA

SEEBARBE IN WEINBLÄTTERN

Die Vorliebe der Griechen für die *barboúnia* oder Seebarbe war zwar immer groß, doch nie so groß wie die der Römer, von denen behauptet wird, sie hätten 3 Pfund Seebarbe mit 4 Paar Ochsen bezahlt. Bevor Sie Ihr Haus, Auto oder Ihre Haustiere gegen diese kleinen schönen rotköpfigen Fische eintauschen müssen, denken Sie daran, daß dieses Rezept sich ebensogut mit frischen Sardinen oder Heringen zubereiten läßt.

Jedes Gemüse- oder Reisgericht in diesem Buch schmeckt dazu köstlich.

FÜR 4–6 PERSONEN

12 frische Seebarben à 100 g,
geschuppt und ausgenommen
24 Weinblätter
Salz
12 frische Fenchelspitzen
12 Streifen frische Zitronenschale von 2–3 Zitronen
2 Eßlöffel Olivenöl

FENCHEL-KAPERN-ZITRONEN-SAUCE
125 ml fruchtiges Olivenöl
1 Eßlöffel frischer Zitronensaft
2 Teelöffel frisches Fenchelkraut, fein gehackt
2 Teelöffel gehackte Kapern

Wenn Sie frische Weinblätter verwenden, den zähen Teil des Stiels entfernen, die Blätter in kochendem Wasser etwa 4 Minuten blanchieren und abtropfen lassen. Falls Sie in Lake eingelegte Weinblätter verwenden, die Blätter unter kaltem Wasser abspülen und abtropfen lassen.

Die Fische ausspülen, trockentupfen, salzen und pfeffern und jeweils einen Zweig Fenchel sowie einen Streifen Zitronenschale hineinlegen. Die Außenseite mit Olivenöl einpinseln. Je einen Fisch auf zwei sich überlappende Weinblätter legen. Die Blätter aufrollen und dabei die Ränder nach der ersten Drehung nach innen schlagen. Wenn nötig, mit Gras oder Schnur zubinden.

8–10 Minuten grillen. Ein kleiner Tip: Legen Sie ein paar Zweige aromatischer Kräuter auf die Grillkohle.

In der Zwischenzeit die Sauce zubereiten. Das Olivenöl, den Zitronensaft, den gehackten Fenchel und die Kapern verrühren. Die Fische in ihrer Umhüllung servieren und die Sauce, *latholémono*, separat reichen.

BARBOÚNIA ME PRÁSSINA STAFÍLIA

SEEBARBE IN SAUREN TRAUBEN

Da die alten Griechen die Zitrone oder andere Zitrusfrüchte noch nicht kannten, benutzten sie gemeinhin saure Trauben, um ihren Speisen eine fruchtige Pikantheit zu verleihen. Das folgende Seebarbengericht geht auf diese vergessene Gepflogenheit zurück.

FÜR 4 PERSONEN

8 Seebarben zu je 100 g,
geschuppt und ausgenommen
1 mittelgroße Stange Lauch, gewaschen und das Weiße fein gehackt
3 Eßlöffel Olivenöl
800 g saure grüne Trauben, möglichst ohne Kerne
1–2 Teelöffel Honig (je nach Säure der Trauben)
2 Eßlöffel Zitronensaft (nach Geschmack),
falls die Trauben nicht sauer genug sind
Salz
½ Teelöffel frisch gemahlener Pfeffer
125 ml Weißwein
3 Eßlöffel feingehackter frischer Dill

Falls Sie keine Bratpfanne besitzen, die so groß ist, daß alle Fische in einer Schicht samt der Sauce hineinpassen, verwenden sie eine große flache feuerfeste Kasserolle. Den Lauch darin langsam in Olivenöl braten. Die Trauben, Honig, Wein, Zitronensaft, falls verwendet, sowie Salz und Pfeffer zugeben und 10 Minuten köcheln lassen.

Die Fische in der Pfanne auslegen, vorsichtig mit einem Löffel etwas Sauce darüber geben und mit einem Deckel, mit Folie oder einem Backblech abdecken. Etwa 10 Minuten köcheln lassen. Mit frischem Dill bestreuen und direkt aus der Pfanne, zusammen mit knusprigem Brot und geschmortem Lauch, servieren.

BARBOÚNIA SE KLIMATÓFYLLA

XYFÍAS ME KORÓMILA PLAKÍ

SCHWERTFISCHSTEAKS MIT RENEKLODENSAUCE

Stellen Sie sich vor, Sie sitzen in einem Garten mit Blick auf die mondbeschienenen roten Ziegeldächer eines Inselstädtchens. Das ›weindunkle Meer‹, wie Homer es genannt hat, schimmert, und alle sind vom Mond fasziniert. Man stellt eine Servierplatte auf den Tisch, überhäuft mit Schwertfischen aus dem Meer unter Ihnen und garniert die Pflaumen vom Baum über Ihnen.

Alle frischen sauren Pflaumen eignen sich für dieses Gericht, doch Renekloden gibt es in Griechenland und auf den Inseln im Überfluß, da sie sich auf wilde Mandelbäume pfropfen lassen.

FÜR 4 PERSONEN

4 Schwertfischsteaks zu je 200 g
Salz und frisch gemahlener schwarzer Pfeffer
3 Eßlöffel fruchtiges Olivenöl
250 g Zwiebeln, in dünne Scheiben geschnitten
1 Teelöffel Honig
2 Knoblauchzehen, fein gehackt
500–600 g Renekloden oder andere Pflaumen, entsteint und geviertelt
25 g frische Fenchelspitzen oder Dill, gehackt
1–2 Zitronen, zum Servieren in Achtel geschnitten

Die Schwertfischsteaks salzen und pfeffern. In einer Schicht in einem eingefetteten Bräter auslegen und mit 1 Eßlöffel Olivenöl beträufeln. In einer schweren Bratpfanne die Zwiebeln langsam in weiteren 2 Eßlöffeln Olivenöl glasig braten. Den Honig zugeben und rühren, bis er karamelisiert. Den Knoblauch und die Renekloden (oder andere Pflaumen) einrühren und 5–10 Minuten köcheln lassen. Fenchel oder Dill zugeben und mit Salz und Pfeffer würzen.

Die Pflaumen und den Saft mit einem Schöpflöffel in dem Bräter um den Fisch herum verteilen. In einem vorgeheizten Backofen bei 180° C etwa 30 Minuten backen. Schwertfische sind gar, wenn sie glanzlos werden und sich das Fleisch fest anfühlt. Auf eine vorgewärmte Servierplatte oder einzelne Teller legen und mit den Zitronenachteln garnieren. Ich serviere dieses Gericht mit einfachem Reis oder gekochtem Weizenschrot.

GÓPES ME KARITHÓSALTSA

BOGA (ODER FORELLE) IN WALNUSS-SAUCE

Gópes gelten als die billigsten Fische in der Ägäis – vermutlich weil sie so zahlreich sind –, mir jedoch schmecken sie besser als die Seebarbe. Forelle ist ein guter Ersatz.

FÜR 4–6 PERSONEN

1,4 kg filetierte Bogas oder Forellen (oder irgendein anderer schmackhafter Fisch)
4–5 Eßlöffel geriebener paximáthia (s. Seite 11) oder altbackene Vollkornbrotkrumen, zusätzlich etwa 250 g zum Panieren
2–3 mittelgroße Eier, geschlagen
Olivenöl zum Braten
50 ml scorthostoúmbi, Knoblauchessig (s. Seite 25)
125 ml trockener Weißwein
½ Teelöffel Honig
75 g Walnüsse, fein gehackt
25 g glattblättrige Petersilie, fein gehackt
½ Teelöffel frisch gemahlener Pfeffer
Salz
zusätzliche Walnüsse zum Garnieren

Die Fische grob hacken und anschließend mit der Hand die überschüssige Flüssigkeit ausdrücken. Häufchen von dem gehackten Fisch zu Bällchen von etwa 5 cm Durchmesser formen, je nach Anzahl der Portionen. Die Bällchen in den getrockneten Bröseln wälzen, dann in dem geschlagenen Ei und anschließend wieder in den Bröseln.

In einer breiten, flachen Kasserolle ausreichend Olivenöl, etwa 2,5 cm hoch, erhitzen, bis die Oberfläche unruhig wird. Die Fischkroketten hineinlegen, mit einem Schaumlöffel wenden und etwa 4 Minuten goldbraun braten. Zum Abtropfen auf Papier legen – in Griechenland nimmt man dafür in der Regel Zeitungspapier.

In einer feuerfesten Kasserolle den Essig, Wein, Honig, 4–5 Eßlöffel Brotbrösel und 75 g gehackte Walnüsse vermengen. Mit Salz und Pfeffer würzen und zum Kochen bringen. Die Kroketten zugeben und etwa 10 Minuten köcheln lassen. Die Petersilie hineingeben, die Pfanne rütteln, damit die Kroketten nicht haften bleiben, und weitere 2–5 Minuten köcheln lassen. Warm oder kalt, mit einigen Walnüssen garniert, servieren.

ASTAKÓS PLAKÍ

HUMMER IN TOMATENSAUCE MIT SAFRANREIS

In Griechenland versteht man unter Hummern die Gemeinen Langusten des Mittelmeers oder des Pazifiks, nicht die Hummer mit den großen Scheren, wie sie im Atlantik vorkommen. Dieses Gericht schmeckt mit beiden Arten köstlich, vorausgesetzt die Tiere leben beim Kauf noch oder sind erst kurz zuvor getötet worden. Als Ersatz kann man auch Krabben nehmen. Servieren Sie dazu Safranreis, knuspriges Brot und Gurkensalat.

Für 4–6 Personen

2 lebende oder frisch getötete Hummer zu je 800–1000 g
25 Safranfäden, in 50 ml heißem Wasser eingeweicht
100 g Zwiebeln, fein gehackt
1 mittelgroße Stange Lauch, gewaschen und fein gehackt
7–9 Eßlöffel fruchtiges Olivenöl
3 Knoblauchzehen, fein gehackt
500 g Tomaten, gehäutet, entkernt und fein gehackt
3–4 sonnengetrocknete Tomaten (in Öl oder in 125 ml kochendheißem Wasser eingeweicht), zu einer Paste zerstampft, oder 2 Teelöffel Tomatenpüree
125 ml Weißwein
50 ml Orangensaft
1 Lorbeerblatt
Salz und frisch gemahlener Pfeffer
25 g frischer Fenchel, fein gehackt
25 g glattblättrige Petersilie, fein gehackt
1 Eßlöffel frische Minze, fein gehackt

Geben Sie die lebenden Hummer für 1 Minute in einen Topf kochendes Wasser, dann in kaltes Wasser. Zur Zubereitung der Hummer die Scheren abbrechen und sie mit einem Hammer aufknacken. Die Schwanzspitze (mit den Flossen) abschneiden, anschließend den Schwanz am Kopfansatz mit einem großen Messer abtrennen. Den Schwanz in Ringe schneiden, dabei den Panzer zwischen den einzelnen Gliedern durchtrennen.

Den Kopf der Länge nach durch einen kräftigen Schlag mit einem Messer aufspalten und den sandigen Magensack entfernen. Die unbefruchteten Hummereier (falls vorhanden) und die grüne Substanz (die Leber) in ein über eine Schüssel gehängtes Sieb geben, mit Salz und Pfeffer bestreuen, aufbewahren. Den Safran einweichen.

In einem großen Topf mit schwerem Boden die Zwiebeln und den Lauch langsam in 3 Eßlöffeln Olivenöl

Verkauf von Seebarben *Die* barboúnia *oder Seebarbe ist ein in Griechenland seit langem hochgeschätzter Speisefisch.*

glasig braten. Den Knoblauch, die gehackten Tomaten, die Einweichflüssigkeit der Tomaten und das Tomatenpüree (oder -mark), den Wein, Orangensaft und das Lorbeerblatt zugeben. Würzen und zugedeckt 15 Minuten köcheln lassen.

Den Fenchel, die Petersilie, die Minze, den Safran einschließlich der Flüssigkeit und die Hummerschwanzstücke und Scheren mit ihrem Panzer (aber nicht die Beine) hineingeben und zugedeckt 10 Minuten köcheln lassen.

In der Zwischenzeit die Eier und die Leber des Hummers durch ein Sieb drücken und das Püree mit 4–6 Eßlöffeln Olivenöl schlagen. Wenn der Hummer 10 Minuten geköchelt hat, mit einem Schöpflöffel etwa 200 ml Sauce entnehmen und diese mit den pürierten Eiern verquirlen. Anschließend alles zurück in den Topf gießen, rühren und weitere 10 Minuten köcheln lassen. Mit Safranreis (s. Seite 91) servieren.

KRÓKOS PILÁFI

SAFRANREIS

Dieser goldgelbe, herrlich duftende Reis ist eine einfache, feine Beilage zu den meisten Gerichten. Servieren Sie ihn ›natur‹, wenn Sie ihn zu Hummer reichen. Ansonsten können Sie ihn gut mit frischen Kräutern bestreuen oder mit Rosenwasser besprühen.

FÜR 4 PERSONEN

25 Safranfäden
250 g Basmati-Reis
2 Eßlöffel Olivenöl
Salz zum Abschmecken

Den Safran in 125 ml heißem Wasser 10–15 Minuten einweichen. Den Reis in ein Sieb geben und unter heißem Wasser abspülen, bis das Wasser klar ist. Anschließend unter kaltem Wasser erneut abspülen und abtropfen lassen.

Das Öl in einem Topf erhitzen und den Reis zugeben. Den Reis sautieren, bis er glasig wird. 600 ml Wasser und Salz je nach Geschmack zugeben, zum Kochen bringen und die Safranflüssigkeit zugießen. Rühren, fest zudekken und bei sehr niedriger Hitze köcheln lassen – etwa 20 Minuten, bis sich auf der Oberfläche Trichter bilden.

Ein Stück Musselin oder ein Geschirrtuch über dem Topf glatt ziehen, mit einem Deckel fest verschließen und an einem warmen Ort 10–15 Minuten ruhen lassen. Das Tuch zieht den Dampf aus dem Reis, wodurch sich die Körner voneinander lösen.

ASTAKÓS PLAKÍ *links (S. 89)*, KRÓKOS PILÁFI *rechts*

CHTAPÓTHI KRASSÁTO

TINTENFISCH IN WEIN

Jedes Jahr kommt mein Freund Paul auf die Insel. Und jedes Jahr nimmt er Tauchermaske und Schnorchel mit an dieselbe entlegene Stelle und besucht einen alten Freund – einen ehrwürdigen Tintenfisch, der aus den Spalten der Unterwasserfelsen kommt, um ihn zu begrüßen. Dann spielen sie Fangen zusammen. Paul gefällt dieses Rezept nicht, doch die meisten Griechen lieben es.

Manche kochen Kartoffeln, Reis und Nudeln mit dem Tintenfisch zusammen in einem Topf. Ich koche lieber alles getrennt. Es ist ein kräftiges Gericht, und es ist auch nicht nachteilig, wenn der Tintenfisch seine ganze Tinte ausgestoßen hat, als er gefangen wurde. Dann lassen Sie einfach die Tinte im Rezept weg. Zu diesem Eintopf paßt ein schöner gemischter Salat und vielleicht eine Granita, Fruchteis, als Dessert.

FÜR 4 PERSONEN

1 kg Tintenfisch
50 ml Olivenöl
250 g Zwiebeln, fein gehackt
350 g Tomaten, gehäutet, entkernt und fein gehackt
2 sonnengetrocknete Tomaten (falls in Öl eingelegt, s. Seite 16), kleingeschnitten und in 50 ml kochendheißem Wasser eingeweicht,
oder 1 Teelöffel Tomatenmark
250 ml mavrotháphne (s. Seite 17) oder roter Portwein
1 Teelöffel scorthostoúmbi (s. Seite 25) oder Weinessig
2 Selleriestangen oder Selleriespitzen und -blätter, fein gehackt
1 Lorbeerblatt, zerpflückt
Salz und frisch gemahlener schwarzer Pfeffer

Zum Säubern des Tintenfisches die Fangarme alle in eine Richtung straffziehen und zwischen, oberhalb und unterhalb der Augen mit einem Schnitt abtrennen. Den Fortsatz in der Mitte des Maules herausdrücken. Die Eingeweide aus dem Kopf herausziehen, dabei den silberglänzenden Tintenbeutel nicht beschädigen. Den Tintenfischkörper von innen nach außen stülpen und die Innenseite waschen. Die Haut muß nicht entfernt werden, aber fahren Sie mit der Hand über die Fangarme und drücken Sie alle großen Saugnäpfe heraus.

Den Tintenbeutel (falls vorhanden) in ein Sieb über eine Tasse legen. Den Tintenbeutel mit der Rückseite eines Holzlöffels zerdrücken. Einen Eßlöffel Wasser durchgießen und erneut nachdrücken, dabei so viel Tinte wie möglich herauspressen. Die Tinte bis zur Verwendung in den Kühlschrank stellen.

Die Fischer in Griechenland schlagen Tintenfische achtzigmal gegen die Felsen, bevor sie sie verkaufen. Falls Ihr Tintenfisch nicht die gleiche Behandlung erfahren hat, sollten Sie ihn mit einem geeigneten Instrument weichklopfen; anschließend in mundgerechte Stücke schneiden.

Die Tintenfischstücke ohne Flüssigkeitszugabe in einen Topf legen und bei kleinster Hitze schwitzen lassen, bis das Fleisch die eigene rote Flüssigkeit absondert und dann wieder aufsaugt oder bis es weich ist. Das

kann zwischen 20 und 30 Minuten dauern. Die Tintenfischstücke herausnehmen, eventuell verbliebene Flüssigkeit abgießen, das Olivenöl zufügen und die Zwiebeln langsam glasig braten. Die sonnengetrockneten Tomaten zu einer Paste zerstampfen, die gehackte Tomate, die Tomatenpaste, *mavrotháphne*, den Knoblauch- oder Weinessig, den Sellerie und das Lorbeerblatt in den Topf geben und mit Salz und Pfeffer würzen. 5–10 Minuten kochen, bis die Sauce eindickt.

Den Tintenfisch zugeben und langsam etwa 50 Minuten im geschlossenen Topf köcheln lassen. Die Tinte einrühren (falls aufbewahrt) und weitere 10 Minuten garen, bis er zart ist.

PALAMÍTHA I XYFÍAS TOURSÍ

EINGELEGTER BONITO ODER SCHWERTFISCH MIT GRÜNEN TOMATEN

Wenn Sie selbst Tomaten anpflanzen oder sich schon einmal mit der Küche Südeuropas beschäftigt haben, dann kennen Sie wahrscheinlich grüne Tomaten und lieben sie um ihrer selbst willen. Sie sollten leicht sauer sein, knackig und durch und durch grün. Wenn Sie sie bei Ihrem Lebensmittelhändler nicht bekommen, nehmen Sie mexikanische *tomatillos* oder – falls es nicht anders geht – unreife ›reife‹ Tomaten, wodurch das Gericht einen etwas anderen Charakter annimmt.

Dieses Gericht aus mariniertem rohem Fisch eignet sich wunderbar als Vorspeise oder als Bestandteil eines Büfetts. Bonito ist ein leckerer heller Thunfisch, dessen Fleisch nicht ganz so fest ist wie das des herkömmlichen Thunfisches. Der Schwertfisch mit seinen Fleischringen ist ihm sehr ähnlich.

FÜR 6–8 PERSONEN

1,2 kg sehr frischer Bonito oder Schwertfisch, in 2 cm große Würfel oder Halbmonde geschnitten
250 g Zwiebeln, in dünne Scheiben geschnitten
3–4 Eßlöffel Olivenöl
500 g grüne Tomaten, grob gehackt
1–2 frische kleine scharfe rote Chilis oder ¼–½ Teelöffel Cayennepfeffer (je nach Geschmack)
2 Knoblauchzehen, in Scheiben geschnitten
15 g frische Minze, gehackt
Salz
250 ml frischer Zitronensaft (5–8 Zitronen)

In einer schweren Bratpfanne die Zwiebeln langsam in dem Olivenöl soeben glasig braten. Die Tomaten, die Chilis, den Knoblauch, die Minze und etwas Salz zugeben. Bei großer Hitze 1–2 Minuten rühren. Die Sauce vom Herd nehmen und abkühlen lassen.

In einer flachen Schüssel den rohen Fisch mit der Tomatensauce bedecken und alles mit dem Zitronensaft übergießen. Leicht zudecken und im Kühlschrank 24–36 Stunden durchziehen lassen.

TROCKNEN VON TINTENFISCHEN *Luftgetrocknete Tintenfische werden für Fastentage aufbewahrt, an denen der Verzehr von Fisch mit Blut verboten ist.*

BAKALIÁROS CAPODÍSTRIAS

STOCKFISCH MIT KARTOFFELGRATIN

Dies ist ein einfaches, deftiges Gericht mit ›Geschichte‹. Capodistrias, erstes Oberhaupt der griechischen Übergangsregierung im Kampf um die Unabhängigkeit vom Osmanischen Reich, verbrachte ein paar Jahre im Exil in Genua, wo er die Kartoffel kennenlernte. Als er in sein Heimatland zurückkehrte, brachte er einige Exemplare dieses nahrhaften neuen Nahrungsmittels mit. Die Griechen wollten seine Begeisterung nicht teilen, bis er in den öffentlichen Gartenanlagen, hinter einer Umzäunung und von einem Posten bewacht, ein paar Kartoffelsetzlinge anpflanzen ließ. Er verkündete, die Kartoffel sei für die Öffentlichkeit verboten, und machte sie dadurch augenblicklich unwiderstehlich. Setzlinge wurden gestohlen und überall im ganzen Land heimlich angepflanzt ...

Servieren Sie zu diesem Gratin eine große Schüssel mit gemischtem Salat.

FÜR 6 PERSONEN

1,2–1,4 kg Stockfisch (gepökelter Kabeljau)
4 weichkochende Kartoffeln zu je etwa 250 g
4 Eßlöffel Olivenöl
6 Knoblauchzehen, fein gehackt
50 g glattblättrige Petersilie, fein gehackt
25 g frischer Dill, fein gehackt
20 Safranfäden,
in 2 Eßlöffeln kochendheißem Wasser eingeweicht
350 g dicker griechischer Joghurt
40 g paximáthia, Zwieback (siehe Seite 11)
oder altbackene Vollkornbrotkrumen
Salz

ZUBEREITUNG DES FISCHES
1 mittelgroße Zwiebel,
gespickt mit einer Gewürznelke
1 kleine Stange Lauch, gewaschen
100 g Karotten, geschabt
Spitzen und Blätter von 1 Selleriestange, grob gehackt
2 Knoblauchzehen
2 Lorbeerblätter
2 Stengel glattblättrige Petersilie
10 schwarze Pfefferkörner
1 Zitrone, geviertelt
2 Zitronenblätter oder 2 duftende Geranienblätter
(nach Wahl)

Von dem *bakaliáros*, dem gepökelten Kabeljau, das lose Salz vollständig abspülen, anschließend 24 Stunden einweichen. Manche legen den Fisch in eine große Schüssel unter fließendes Wasser, doch ich nehme lieber einen noch größeren Eimer, da man den getrockneten Fisch gut mit einer größeren Menge Wasser bedecken kann, wodurch das Salz ausschwemmt und das Fleisch an Volumen gewinnt. Während der 24 Stunden das Wasser drei- bis viermal wechseln.

Die zum Köcheln bestimmten Zutaten in einen großen Suppentopf legen. Die Kartoffeln abschrubben, aber nicht schälen, in den Topf geben und großzügig mit Wasser bedecken – so viel, daß auch der Kabeljau bedeckt ist, wenn man ihn dazugibt. Zum Kochen bringen und 15 Minuten köcheln lassen. Den in Stücke geschnittenen gepökelten Kabeljau zugeben und 10–15 Minuten köcheln lassen – bis der Fisch fest und zart ist.

Den Fisch auf eine Servierplatte legen. Die Kartoffeln prüfen, sie sollten ebenfalls weich, aber noch fest sein. Sobald sie gar sind, vom Herd nehmen und unter kaltem fließendem Wasser abschrecken.

Die Brühe durch ein feines Sieb (oder einen mit Gaze oder Musselin ausgelegten Seiher) geben, dabei mit der Rückseite eines Holzlöffels das Gemüse auspressen. Für dieses Gericht etwa 125 ml Brühe – vielleicht etwas mehr – aufbewahren; den Rest kann man als Grundlage für Suppen verwenden.

Wenn der Fisch so weit abgekühlt ist, daß man ihn weiterverarbeiten kann, die Haut und die Gräten vollständig entfernen und wegwerfen, ebenso alle Fischstükke, die nicht saftig und zart sind. Der übrige Fisch sollte fast von allein in Medaillons und kleine Stückchen zerfallen. Legen Sie ihn in eine eingefettete Auflaufform oder eine irdene Kasserolle, die so groß ist, daß er zusammen mit den Kartoffeln hineinpaßt.

Die Kartoffeln schälen, in Scheiben schneiden und vorsichtig mit dem Fisch, 3 Eßlöffeln Olivenöl, dem Knoblauch, der Petersilie und dem Dill mischen. Mit Salz abschmecken.

Den Joghurt mit den eingeweichten Safranfäden samt ihrer Flüssigkeit und der zurückbehaltenen Fischbrühe verquirlen. Über den Fisch und die Kartoffeln gießen (falls nötig, etwas mehr Brühe zugeben). Die Brotkrumen in 1 Eßlöffel Öl goldbraun rösten, dann darüberstreuen. In einem vorgeheizten Backofen bei 180° C etwa 30 Minuten backen.

SAVÓRO

EINGELEGTER FISCH

Savóro oder eingelegten Fisch findet man überall dort im Mittelmeerraum, wo es Fischer gibt. Es versteht sich von selbst, daß sie alles einlegen, was sie von ihrem Tagesfang nicht essen oder verkaufen können. Auf Hydra braten sie große Mengen Fisch, essen, soviel sie können, und legen den Rest ein. Ich habe dieses Rezept statt mit gebratenem mit gebackenem Fisch zubereitet, da es etwas gesünder ist.

Nicht selten bereite ich diesen Fisch kiloweise zu, serviere ihn heiß ohne den Essig und das Öl und lege den Rest für später ein. Er schmeckt wunderbar als Mittagessen oder als Vorspeise, und ich habe ihn gern als Beilage zur Suppe.

FÜR 8 PERSONEN

1 kg Fisch, Sardinen, kleine Makrelen, Hornhechte oder nach eigener Wahl
250 g milde Gemüsezwiebeln, fein gehackt
3 Eßlöffel fruchtiges Olivenöl
300 g Tomaten, gehäutet, entkernt und gehackt
4–6 Knoblauchzehen
Spitzen und Blätter von 4–6 Selleriestangen, fein gehackt
1 Eßlöffel Bergthymian (s. Seite 16)
2 Teelöffel frischer Rosmarin
1 kleiner getrockneter roter Chili, ganz
1 Lorbeerblatt
frisch gemahlener schwarzer Pfeffer
Salz
125 ml Weißwein

DRESSING
25 g glattblättrige Petersilie, fein gehackt
125 ml guter Weinessig
125 ml fruchtiges Olivenöl

Wenn Sie Sardinen oder Makrelen verwenden, die Fische wie gewohnt säubern und ausnehmen. Wenn Sie Hornhechte verwenden, die Köpfe knapp unterhalb der Kiemen abbrechen, ohne die Innereien abzutrennen. Dann die Köpfe vorsichtig abziehen und gleichzeitig mit ihnen die Innereien entfernen. Alle Fische gründlich abspülen und nebeneinander in eine Auflaufform aus Glas oder Ton legen.

In einer schweren Bratpfanne mittlerer Größe die Zwiebeln langsam in dem Olivenöl glasig braten. Die gehackten Tomaten, Knoblauch, Sellerie, Thymian, Rosmarin, Chili und das Lorbeerblatt zusammen mit Salz und Pfeffer und dem Wein dazugeben. 10 Minuten köcheln lassen, anschließend über den Fisch gießen.

Das Gericht in einem vorgeheizten Backofen bei 180° C auf der mittleren Schiene 10–15 Minuten backen, bis der Fisch gerade gar ist. Mit Petersilie bestreuen, den Essig darüber gießen und mit einem dünnen Film Olivenöl bedecken. Abkühlen lassen und vor dem Servieren 24–36 Stunden lang im Kühlschrank kalt stellen. Falls der Fisch mit Essig und Öl vollständig bedeckt ist, hält er sich mit Sicherheit 5 Tage.

ROSAROTE WELLEN *Fischernetze wirken wie wogende Wellen im Wind.*

HÉLI SPETZIÓTIKO

AAL AUF SPETSAE-ART MIT TOMATENSAUCE UND FETA

Aal ist heutzutage nicht leicht zu bekommen, doch die Suche lohnt sich. Den Bewohnern von Spetsae wird nachgesagt, sie bewahrten ihn in ihren Zisternen auf, aber das ist nicht der Grund, warum dieses Gericht ›Spetziótiko‹ heißt. Diese Inselbewohner haben jedem Gericht, das in Tomatensauce mit *féta* gebacken wird, ihren Namen verliehen, und tatsächlich lassen sich viele andere Fischarten auf diese Weise zubereiten.

Lassen Sie den Aal von Ihrem Fischhändler ausnehmen. Wenn Sie es jedoch selbst tun wollen, schlitzen Sie den Aal knapp unter dem Kopf rundherum ein. Schlagen Sie die Haut zurück, so daß Sie sie greifen können, was einfacher geht, wenn Sie Ihre Finger mit Salz einreiben. Halten Sie den Kopf mit einem Küchentuch fest und ziehen Sie die Haut nach hinten über die ganze Länge ab. (Falls sich unter der Haut braunes Fett befindet, entfernen Sie auch das.) Nehmen Sie den Aal aus, indem Sie den Bauch von unten nach oben aufschlitzen. Anschließend schneiden Sie den Kopf ab und waschen den Hohlraum aus.

FÜR 4–5 PERSONEN

1 kg Muräne, Meer- oder Flußaal, gehäutet, ausgenommen und gewaschen, ohne Kopf und in 8 cm große Stücke geschnitten
2–3 Eßlöffel Olivenöl
250 g Zwiebeln, grob gehackt
3–4 sonnengetrocknete Tomaten in Öl (s. Seite 16) oder kleingeschnitten und in 2–3 Eßlöffel kochendheißem Wasser eingeweicht, oder 1 Eßlöffel Tomatenmark
350 g Tomaten, gehäutet, entkernt und gehackt
½ Teelöffel Honig
1 Eßlöffel frischer Thymian oder ½ Teelöffel Bergthymian (s. Seite 16)
1 Lorbeerblatt, zerbröselt
fein geriebene Schale von 1 Zitrone, mit 1 Teelöffel Zitronensaft
2–3 Knoblauchzehen, fein gehackt
50 g glattblättrige Petersilie, fein gehackt
1 Eßlöffel frische Minze, fein gehackt
Salz und frisch gemahlener schwarzer Pfeffer
250 g féta-Käse, zerkrümelt

In einer schweren Bratpfanne 2 Eßlöffel Olivenöl erhitzen und darin die Aalstücke sautieren, aus der Pfanne nehmen.

Falls nötig einen weiteren Eßlöffel Olivenöl zugeben und die Zwiebeln darin langsam glasig braten. Die sonnengetrockneten Tomaten, falls verwendet, zu einer Paste zerdrücken. Anschließend die gehackten Tomaten, Tomatenmark, Honig, Thymian, Lorbeerblatt, Zitronenschale und Knoblauch in die Pfanne geben und 10–12 Minuten kochen, bis die Sauce eindickt.

Die Aalstücke wieder in die Sauce geben, Petersilie und Minze einrühren und mit Salz und Pfeffer würzen. Zerkrümelten *fetá* und Zitronensaft darüber geben und im Backofen bei 180° C etwa 30 Minuten backen.

SFYRÍTHA ME LAHANIKÁ

GEDÜNSTETER BARSCH MIT GEHACKTEM GEMÜSE

Es gibt nichts Besseres als einen großen gedünsteten Fisch, umhüllt von Gemüse. Wenn Sie wollen, können Sie mit der Brühe eine Eier-Zitronen-Sauce (s. Seite 104) zubereiten und über den Fisch gießen. Oder Sie reichen dazu eine Schüssel *latholémono* (s. Seite 86).

FÜR 6 PERSONEN

3,6 kg ganzer Barsch, Seebarsch, roter Schnapper oder frischer Kabeljau, geschuppt und ausgenommen, ohne Kiemen
3–4 Eßlöffel fruchtiges Olivenöl
100 g Zwiebel, fein gehackt
1 mittelgroße Stange Lauch mit den hellgrünen Teilen, gewaschen und in dünne Scheiben geschnitten
250 g Karotten, in kleine Würfel geschnitten
250 g weiße Rüben, geschält, fein gewürfelt
200 g Zucchini, gewaschen und in kleine Würfel geschnitten
3 Selleriestangen, fein gehackt
1 Lorbeerblatt, zerbröselt
400 g Petersilienstengel
1 Eßlöffel Thymian oder 1 Teelöffel Bergthymian (s. Seite 16)

1 Teelöffel Oregano oder 1/4 Teelöffel Bergoregano
(s. Seite 15)
Salz und frisch gemahlener schwarzer Pfeffer
250 ml trockener Weißwein
2 Streifen dünn geschälte Zitronenschale, etwa 5 cm lang
1 Teelöffel Zitronensaft
2 Zitronen, in Achtel geschnitten,
zum Garnieren
avgolémono, Eier-Zitronen-Sauce
(s. Seite 104) nach Wahl

In einem Kochtopf mit schwerem Boden das Olivenöl erhitzen, anschließend das gesamte Gemüse und die Kräuter zugeben und mit Salz und Pfeffer würzen. Bei großer Hitze 1–2 Minuten unter ständigem Rühren schwenken. Den Wein und 450 ml Wasser sowie die Zitronenschale und den Saft zugeben. Zum Kochen bringen und 2 Minuten köcheln lassen.

Den Boden eines großen Fischkessels oder eines Bräters mit sehr dicker Folie oder einem Stück Gaze oder Musselin auslegen, damit Sie den Fisch, wenn er gar ist, ohne Mühe herausnehmen können. Wenn der Fisch zu lang ist, müssen Sie (leider) den Kopf entfernen oder den Fisch halbieren.

Den Fisch auswaschen, trockentupfen und würzen. Auf der Folie anrichten und das heiße Gemüse samt der Flüssigkeit rundherum verteilen. In einem vorgeheizten Backofen bei 180° C 45–60 Minuten backen, bis das Fleisch fest und nicht mehr durchscheinend, aber noch saftig ist.

Aus dem Backofen nehmen, das Gemüse von der Oberfläche des Fisches schieben und ihn dann mit Hilfe der Folie oder Gaze herausnehmen. Den Fisch auf eine vorgewärmte Servierplatte gleiten lassen (falls er zerteilt wurde, die Stücke wieder zur ursprünglichen Form zusammenlegen). Die Haut und die Flossen vorsichtig entfernen und eventuell vorhandenes braunes Fleisch abschaben.

Das Gemüse mit einem Schaumlöffel aus der Brühe nehmen und damit den Fisch belegen. Mit den Zitronenscheiben garniert servieren.

MÍTHIA YEMISTÁ

GEFÜLLTE MIESMUSCHELN

Während der gesamten Muschel-Saison wird dieses Fastengericht gern gegessen.

FÜR 4–6 PERSONEN

1 kg lebende Miesmuscheln
125 ml Weißwein
Salz und frisch gemahlener schwarzer Pfeffer
700 ml Fisch- oder Kräuterbrühe (s. Seite 37)
350 g Zwiebeln, fein gehackt
4 Eßlöffel Olivenöl
100 g Basmati-Reis, gewaschen
65 g Pinienkerne
65 g Korinthen
1 Eßlöffel feingehackte glattblättrige Petersilie
1 Eßlöffel feingehackter frischer Dill
2 Eßlöffel feingehackte frische Minze
eine Handvoll frische Zitronen- oder Wein-
oder Kopfsalatblätter sowie ein Streifen Zitronenschale
2–3 Zitronen, in Achteln zum Garnieren

Die Miesmuscheln unter fließendem Wasser bürsten, dabei alle nicht verschlossenen aussortieren. In einem großen Topf die Brühe mit dem Wein zum Kochen bringen und die Muscheln dazugeben. Bei geschlossenem Topf köcheln lassen, bis sich die Schalen öffnen. Die Muscheln aus dem Topf nehmen und alle aussortieren, die noch verschlossen sind. Den Bart entfernen und die Miesmuscheln zum Abschrecken in eine Schüssel mit kaltem Wasser werfen, danach das Wasser abgießen und die Muscheln beiseite stellen.

In einer schweren Bratpfanne die Zwiebeln langsam glasig braten. Den gewaschenen Reis dazugeben und gleichfalls glasig sautieren. 50 ml Muschelbrühe zugießen und zugedeckt etwa 15 Minuten köcheln lassen – bis die gesamte Flüssigkeit aufgesaugt ist. Vorsichtig Pinienkerne, Korinthen, Petersilie, Dill und Minze einrühren. Mit Salz und Pfeffer abschmecken und abkühlen lassen.

Etwas von der Füllung in jede Muschelschale geben. Die Schalen wieder fest verschließen und mit einem Faden zubinden. Einen Topf mit Zitronenblättern auslegen und die Muscheln darin in 2–3 Schichten übereinander legen. Die verbleibende Muschelbrühe darübergießen. 20–30 Minuten köcheln lassen. Die restliche Flüssigkeit abschütten. Heiß oder kalt mit den Zitronenscheiben garniert servieren.

FLEISCH, GEFLÜGEL UND WILD

Besondere Anlässe und Festlichkeiten verlangen geradezu nach vorzüglichen Lamm-, Rindfleisch- und Schweinefleischgerichten, während man sich zu Hause traditionellerweise in der Hauptsache von Geflügel und Wild ernährt.

Hirinó Psitó me Nerántzia *(S. 110)*

LÁHANO YEMISTÓ

GEFÜLLTER WEISSKOHL MIT EIER-ZITRONEN-SAUCE

Hierbei handelt es sich um die aufregende Variante eines altbewährten Rezeptes aus den Ländern des Balkans und des Nahen Ostens – gefüllter Weißkohl. Es mag zeitaufwendig erscheinen, aber es ist in Wahrheit alles andere als schwierig. Arrangieren Sie um den Kohl gedünstetes Gemüse, wie zum Beispiel Karotten und kleine ganze Zwiebeln oder Zucchini und Lauch. Reichen Sie dazu einen Tomatensalat und knuspriges Brot, und probieren Sie als Dessert einmal *zvíngi*, Krapfen mit Honigsirup (s. Seite 134).

Wenn das Hackfleisch für Ihren Geschmack zu fett ist, so hat sich die Methode, es zunächst zu kochen, sehr gut bewährt. Es handelt sich um keine gänzlich neue Idee. Auf diese Weise läßt sich auch die für dieses Rezept erforderliche Brühe zubereiten.

Für 6–8 Personen

1 ganzer Weißkohl, etwa 1,3 kg
1 kg Hackfleisch vom Lamm (oder Rind oder Schwein)
500 g Basmati- oder Langkornreis, gewaschen und eingeweicht
4 Eßlöffel fruchtiges Olivenöl
¼ Teelöffel frisch gemahlener Zimt
1 Messerspitze frisch gemahlene Gewürznelke
Salz
1 Teelöffel frisch gemahlener schwarzer Pfeffer
350 ml Brühe (aus dem Topf, wenn das Fleisch ausgelassen wird) oder Wasser
75 g Pinienkerne
100 g Korinthen
1 großer Bund Frühlingszwiebeln, das Weiße und das Hellgrüne gehackt
40 g glattblättrige Petersilie, gehackt
25 g frischer Dill, gehackt
1 Eßlöffel gehackte frische Minze

Für die Zubereitung des Kohls

1 Eßlöffel Olivenöl
2 Eßlöffel oúzo
50 ml Brühe (aus dem Topf, falls das Fleisch ausgelassen wird) oder Wasser
2 Lorbeerblätter
2 Thymianzweige
4–5 Zitronen-, Kohl- oder duftende Geranienblätter
1 Zweig frische Minze

Eier-Zitronen-Sauce und Garnierung

3 mittelgroße Eier, getrennt
geriebene Schale von 1 Zitrone, Saft von 3 Zitronen
1 Teelöffel Stärkemehl
350 ml Brühe (aus dem Topf, falls das Fleisch ausgelassen wird) oder Kräuterbrühe (s. Seite 37)
1 Eßlöffel feingehackte Petersilie
1 Eßlöffel feingehackter Dill
¼ Teelöffel Minze, fein gehackt

Zum Auslassen des Hackfleisches etwa 3 Liter Wasser in einem Suppentopf sprudelnd aufkochen lassen und sofort so weit herunterdrehen, daß das Wasser nur noch köchelt. Das Hackfleisch hineinbröseln und dabei mit den Fingern zu sehr kleinen Stückchen zerdrücken. Etwa 10 Minuten lang das meiste Fett auslassen. Das Fett abschöpfen und das Fleisch in einem Sieb abtropfen lassen; die Brühe zurückbehalten.

Die Brühe zurück in den Topf gießen (oder Wasser verwenden), zum Kochen bringen, dann kleiner stellen. Den ganzen Kohlkopf in die Flüssigkeit tauchen, mit einem Teller beschweren und 1 Stunde im Topf lassen.

In einer schweren Bratpfanne das Lammhack in 3 Eßlöffeln Olivenöl schön braun sautieren. Den gewaschenen Reis, den Zimt, das Nelkenpulver, Salz und Pfeffer dazugeben und weiter braten, bis der Reis glasig ist.

350 ml Brühe entnehmen und vorsichtig in die Bratpfanne geben, jeweils ca. 50 ml auf einmal, bis die gesamte Flüssigkeit aufgesaugt und der Reis *al dente* ist. Pinienkerne, Korinthen, Frühlingszwiebeln, Petersilie, Dill und Minze dazugeben, salzen.

Den Kohl aus der Brühe nehmen und die Blätter lösen. Nehmen Sie eine Schüssel, die in den Brühetopf paßt. Sie muß so groß sein, daß sie die gesamte Füllung faßt und noch Platz für den Kohl übrig ist. Die Schüssel leicht einfetten und mit einer doppelten Lage Kohlblätter auslegen; die äußeren Blätter dabei zu einem schönen Muster arrangieren. Die Füllung so hoch hineingeben, daß die Schüssel halb voll ist. Mit einer Schicht Kohl bedecken. Die restliche Füllung hineingeben und mit einer letzten Schicht Kohl bedecken.

1 Eßlöffel Öl, den *oúzo* und 50 ml Brühe über den Kohl gießen. Oben mit einem Teller beschweren. Einen weiteren Teller (oder einen Dreifuß) umgedreht in den Brühetopf legen und die Schüssel darauf stellen. Die Brühe sollte bis zur halben Höhe der Schüssel reichen. Lorbeerblätter, Thymian, Zitronenblätter oder andere Blätter

und Minze um die Schüssel herum in die Brühe streuen. Den Topf fest schließen, die Brühe zum Kochen bringen und das Kohlgericht auf kleiner Flamme 1¼ Stunde dämpfen. Wenn der Kohl gar ist, die Sauce zubereiten. Im Wasserbad das Eigelb mit der Zitronenschale, dem Saft und dem Stärkemehl verquirlen. Bei niedriger Hitze langsam 350 ml heiße Brühe löffelweise dazugeben und bei niedriger Hitze weiter kochen lassen, bis sich eine schwere Sauce ergibt. Das Eiweiß separat schlagen, unter die Sauce heben und rühren, bis sie heiß ist.

NEUGIERIGE GESELLEN *Eine Schar Ziegen schmückt hier den Giebel einer alten Wasserzisterne auf Hydra.*

Zum Servieren eine angewärmte Servierplatte auf die Schüssel mit dem Kohlkuchen stellen. Das Ganze stürzen und die Schüssel herunterheben. Ein paar Löffel Eier-Zitronen-Sauce darauf geben und mit frischen Kräutern bestreuen. Um den Kuchen gedünstetes Gemüse legen, den Rest der Sauce in eine Sauciere geben und servieren.

PAÏTHÁKIA TIS SKÁRAS

PIKANTE LAMMKOTELETTS

Mit der Marinade in diesem Rezept läßt sich jedes Grillfleisch oder Geflügel gut würzen, ohne daß es zu scharf wird. In Griechenland wiegen die Koteletts normalerweise weit unter 75 g, da das Lamm sehr jung geschlachtet wird; daher sollte man wenigstens zwei Stück pro Person rechnen.

FÜR 6 PERSONEN

12 Lammkoteletts von der Lende, etwa 75 g pro Stück, ohne überschüssiges Fett
1 scharfer getrockneter roter Chili, 1 Stunde in kochendheißem Wasser eingeweicht, oder 1/4 Teelöffel Cayennepfeffer
fein geriebene Schale und 2 Eßlöffel Saft von 1 Zitrone
1 Knoblauchzehe, fein gehackt
1/4 Teelöffel frisch gemahlener Koriandersamen
1/4 Teelöffel Salz
1 Eßlöffel geriebene Zwiebel
2 Teelöffel Honig
2 Eßlöffel würziges Olivenöl

Den eingeweichten Chili entkernen, wenn Sie nicht gern allzu scharf essen, und zusammen mit der Zitronenschale, dem Knoblauch, Koriander und Salz in einem Mörser zu einer geschmeidigen Masse zerstampfen, dabei, falls nötig, ein paar Tropfen Zitronensaft zum Anfeuchten zugeben. Die geriebene Zwiebel hineingeben, mit der Masse zerstampfen und anschließend mit Zitronensaft, Honig und Olivenöl zu einer dicken, geschmeidigen Paste verquirlen. Die Lammkoteletts einzeln mit der Würzmischung bestreichen und 2 Stunden marinieren.

Die Koteletts abwischen und in einen heißen Grill legen oder über Holzkohlenglut (wenn Sie Holz vom Weinstock oder Wacholderbusch haben, noch besser) zubereiten. Die Koteletts etwa 4 Minuten von beiden Seiten grillen, wenn sie klein sind und Sie sie gern nicht durchgebraten essen – ein paar Minuten länger, wenn Sie sie lieber etwas weniger rosig möchten –, dabei nach dem Wenden mit einer dünnen Schicht Marinade einpinseln. Mit Zitronenscheiben und vielleicht mit dem Gemüsepilaw von Seite 57 servieren.

KLÉFTIKO

LAMMFLEISCH, KÄSE UND TOMATEN IN FILLOTASCHEN

Das Gericht ist nach den gleichnamigen Guerillas im griechischen Unabhängigkeitskrieg benannt. Man erzählt sich, daß sie ihr Essen in Teigtaschen über offenem Feuer gebraten haben, damit sie es im Notfall in die Hand nehmen und sich augenblicklich davonmachen konnten. Unter solchen Umständen eine herrliche Mahlzeit zu genießen war nicht gerade appetitanregend.

Das Rezept ergibt 6 Teigtaschen für den Hauptgang. Mit zusätzlichen Filloblättern können Sie auch 8 kleinere zubereiten und diese als Vorspeise servieren.

FÜR 6 PERSONEN

1 kg Lammfleisch ohne Knochen, oder aus der Keule oder Schulter, in 2,5 cm große Würfel geschnitten
250 g Zwiebeln, in Scheiben geschnitten
2 Eßlöffel fruchtiges Olivenöl
1/2 Teelöffel zerstoßener Rosmarin
300 g Tomaten, gehäutet, entkernt und gehackt
Salz und frisch gemahlener Pfeffer
250 g féta-Käse
2 Knoblauchzehen, fein gehackt
25 g glattblättrige Petersilie, fein gehackt

TEIGTASCHEN

12 Blätter Filloteig, 50 × 30 cm, aufgetaut
etwa 125 ml Olivenöl
1 1/2–2 Teelöffel Weizenschrot oder Reis
1 Eßlöffel Sesamsamen

In einer großen feuerfesten Kasserolle die Zwiebeln in 2 Eßlöffeln Olivenöl erhitzen. Bei milder Hitze glasig braten. Das gewürfelte Lammfleisch zufügen und von allen Seiten braun anbraten. Den Rosmarin und die gehackten Tomaten dazugeben und mit Salz und Pfeffer würzen. 15–20 Minuten köcheln lassen (15 Minuten bei Fleisch aus der Schulter, 25 bei Keule). Die Sauce sollte etwas einkochen und recht dick sein.

Den *féta* zerbröckeln, mit dem Knoblauch und der gehackten Petersilie vermengen und beiseite stellen. Die Filloblätter aus der Packung nehmen und unter ein feuchtes Tuch legen; jeweils nur ein Blatt entnehmen. Das Blatt auf eine Arbeitsfläche legen und gleichmäßig mit Olivenöl einpinseln. Eine zweite Lage direkt darauf legen und ebenfalls mit Olivenöl einpinseln. Etwas Reis (¼ Teelöffel oder weniger) oder Weizenschrot auf die Mitte des Teigs streuen und nach allen Seiten einen 7,5 cm breiten Rand frei lassen.

Das Fleisch grob in 6 oder 8 Teile aufteilen, je nachdem wie viele Taschen Sie zubereiten wollen. Mit einem Löffel das Fleisch und die Sauce portionsweise in die Mitte geben und ein wenig von der *féta*-Mischung darüber bröseln. Die Enden des Filloteigs über die Füllung klappen, dann die Seiten nach innen schlagen. Aufrollen und darauf achten, daß die Seiten eingeschlagen bleiben. Die Tasche mit der Naht nach unten auf ein eingefettetes oder antihaftbeschichtetes Backblech legen. Die Oberseite mit Olivenöl bestreichen und mit Sesamsamen bestreuen. Mit den anderen Teigblättern ebenso verfahren, bis die ganze Füllung aufgebraucht ist.

In einem vorgeheizten Backofen bei 180° C etwa 30 Minuten backen, bis die Fillotaschen goldbraun sind.

MOSHARÁKI MELITZÁNES

KALBS- ODER RINDERRAGOUT MIT AUBERGINEN

In den Tagen Homers, als Reichtum danach bemessen wurde, wie viele Rinder jemand besaß, galt es als größte Ehrbezeigung, für einen Gast einen Stier zu schlachten und daraus eine Mahlzeit zuzubereiten. Da die griechische Landschaft sich nie besonders gut als Weideland geeignet hat, stellt dieses Gericht aus Kalb- oder Rindfleisch von jungen Tieren mit Auberginen noch heute ein Fest- oder Sonntagsessen dar.

Ich habe es mit kleinen bananenförmigen Auberginen zubereitet. Wenn Sie keine Auberginen mögen, können Sie statt dessen Okras verwenden. Denken Sie aber daran, zunächst den Schleim zu entfernen (s. Seite 23).

FÜR 6–8 PERSONEN

1 kg Auberginen, gewürfelt
Salz und frisch gemahlener schwarzer Pfeffer
4–5 Eßlöffel Olivenöl
375–400 g Zwiebeln, gehackt
1 kg Kalbfleisch oder Rindfleisch zum Schmoren, in 5 cm große Würfel geschnitten
2 Teelöffel frisch gemahlener Koriandersamen
½ Teelöffel frisch gemahlener Zimt
¼ Teelöffel frisch gemahlener Piment
1 Teelöffel Paprika
¼–½ Teelöffel Cayennepfeffer
4 Knoblauchzehen, fein gehackt
2 Lorbeerblätter
1 kg Tomaten, gehäutet, entkernt und gehackt, oder etwas weniger, zusammen mit 1 Teelöffel Tomatenmark
oder 2 sonnengetrockneten Tomaten, kleingeschnitten, in 125 ml Wasser eingeweicht und zerstampft
400–450 ml Rotwein (oder Wasser)
Saft von 1–2 Zitronen zum Abschmecken
40 g glattblättrige Petersilie, gehackt

Die Auberginenwürfel in einer Schüssel mit stark gesalzenem Wasser 30 Minuten einweichen. Abgießen und abspülen, anschließend gut trocknen.

In einem großen Topf mit schwerem Boden 3–4 Eßlöffel Olivenöl erhitzen und die Auberginenwürfel sautieren, bis sie braun sind, anschließend herausnehmen. 1 Eßlöffel Olivenöl und die Zwiebeln in den Topf geben. Bei milder Hitze glasig braten.

Die Fleischstücke hineingeben und sautieren, bis sie rundum braun sind. Mit dem gemahlenen Koriander, Zimt, Piment, Paprika, Cayennepfeffer und Knoblauch bestreuen, die Lorbeerblätter zufügen und mit Salz und Pfeffer würzen. Unter ständigem Rühren 1–2 Minuten braten.

Die gehackten Tomaten und das Tomatenmark dazugeben, rühren und 10 Minuten kochen. Den Großteil des Weins zugießen und langsam bei niedriger Hitze köcheln lassen, bis das Fleisch zart ist – 1½–2 Stunden –, dabei nach Bedarf Wein oder Wasser zugießen.

Wenn das Fleisch zart ist, aber noch nicht auseinanderfällt, die Auberginenwürfel einrühren und 20 Minuten mitkochen. Den Zitronensaft nach Geschmack und die Petersilie zufügen und weitere 10 Minuten garen.

Mit gedämpftem Reis, Weizenschrot (s. Seite 120) oder Gerstenflocken servieren.

PSITÓ ME PILÁFI-VÍSINO

MARINIERTER RINDERFILETBRATEN MIT KIRSCHPILAW

Zu diesem Sonntagsessen mit seiner fruchtigen, rötlichen Farbe serviert man am besten einen Salat aus wildem Blattgemüse.

FÜR 6 PERSONEN

1 kg Rinderfilet
125 ml Cherry Brandy
125 ml Rotwein
1–2 Knoblauchzehen, fein gehackt
2 Lorbeerblätter, zerkleinert
1 Teelöffel Bergthymian (s. Seite 16)
10 schwarze Pfefferkörner, leicht zerstoßen
1 Teelöffel Koriandersamen, leicht zerstoßen
2 Teelöffel Olivenöl
¼ Teelöffel Salz
piláfi-visinó, Kirschpilaw (s. Seite 108)

Am Vortag das Rinderfilet in eine Email- oder Steingutschüssel legen. Cherry Brandy, Rotwein, Knoblauch, Lorbeerblätter, Thymian, Pfefferkörner, Koriandersamen verquirlen und über das Rindfleisch gießen. Zugedeckt mindestens 12 Stunden im Kühlschrank stehen lassen, zwischendurch zwei- bis dreimal wenden.

Das Filet aus der Marinade nehmen und mit Küchenpapier trockentupfen. Den Boden einer schweren Bratpfanne mit Olivenöl bedecken, gleichmäßig mit Salz bestreuen und sehr stark erhitzen. Das Filet von beiden Seiten gut anbraten, was nicht länger als insgesamt 3–4 Minuten dauern sollte. Legen Sie es anschließend in einem Bräter auf ein Gitter.

Den Backofen auf 230° C vorheizen. Etwa 40 Minuten vor dem Servieren das Rindfleisch in den Backofen stellen und 25 Minuten rösten – bis rosaroter Saft austritt, wenn Sie mit einer Fleischgabel hineinstechen.

Wenn Sie das Fleisch etwas mehr durchgebraten mögen, lassen Sie es noch weiter rösten – ungefähr bis zu 40 Minuten. Den Braten auf eine vorgewärmte Servierplatte legen und ein paar Minuten an einem warmen Ort ruhen lassen.

In der Zwischenzeit geben Sie die Marinade durch ein Sieb, gießen sie in den Bräter und lassen sie so lange kochen, bis sich die Menge um die Hälfte verringert hat. Den Braten tranchieren, die Soße über das Fleisch gießen und mit Kirschpilaw servieren.

PILÁFI-VÍSINO

KIRSCHPILAW

In Griechenland bereitet man diesen Pilaw mit 75 g getrockneten Sauerkirschen zu, die in 125 ml Apfel- oder Orangensaft eingeweicht werden. Sie können auch Rosinen, Backpflaumen, getrocknete Aprikosen oder frische Kirschen nehmen oder aber, wie in diesem Rezept angegeben, Kirschen aus der Dose.

FÜR 4–6 PERSONEN

350 g Basmati- oder Langkornreis
150 g Zwiebeln, gehackt
5 Eßlöffel fruchtiges Olivenöl
Spitzen und Blätter von 4–6 Selleriestangen, gehackt, oder 65 g glattblättrige Petersilie, gehackt
175 g frische Sauerkirschen oder abgetropfte Kirschen aus der Dose mit 50 ml Saft
75 g Walnüsse, gehackt
Salz und frisch gemahlener schwarzer Pfeffer

Den Reis in ein Sieb geben und unter fließendem Wasser waschen, bis das Wasser klar ist. Anschließend in eine Schüssel geben, mit Wasser bedecken und mindestens 30 Minuten quellen lassen. Gut abtropfen lassen.

In einem großen Topf 3 Eßlöffel Öl erhitzen und die Zwiebeln hineingeben. Langsam glasig braten. 2 weitere Löffel Öl, Sellerie und Reis zugeben und so lange rühren, bis der Reis glasig wird.

Die Kirschen entsteinen und den Saft zurückbehalten. Die Kirschen und Walnüsse zufügen, mit Salz und Pfeffer würzen und 1–2 Minuten sautieren. Den Kirschsaft dazugießen (statt eines Teils des Wassers, wenn Sie Dosenkirschen verwenden) und 650 ml Wasser. Zugedeckt bei niedriger Hitze etwa 20 Minuten köcheln lassen – bis sich auf der Oberfläche Trichter bilden und der Reis *al dente* ist.

Von der Kochstelle nehmen, ein Stück Musselin oder ein sauberes Geschirrtuch darüber ausbreiten, den Deckel aufsetzen und den Reis 15–20 Minuten dämpfen lassen. Zum Rindfleisch servieren.

HAUS EINES HÄNDLERS *Beeindruckende Villen oder* archontiká *zeugen von blühendem Handel in früheren Jahrhunderten.*

13
180

HIRINÓ PSITÓ ME NERÁNTZIA

SCHWEINERIPPCHEN MIT ORANGENGLASUR

Zu diesem Rezept wurde ich durch die Früchte angeregt, die die Insellandschaft hervorbringt und die einen kräftigen Schweinebraten vollendet untermalen – die Olive und die Bitterorange. Wenn Sie keine Sevillaorangen bekommen können, nehmen Sie statt dessen süße Orangen und Zitronensaft. Ich reiche zu diesem Gericht Rübchen mit Blattgemüse (s. Seite 66).

FÜR 6 PERSONEN

1,8 kg Rippenstück vom Schwein
150 g throúmbes oder andere griechische Oliven in Salzlake
3 Knoblauchzehen
etwa 75 ml oúzo
½ Teelöffel Salz
½ Teelöffel getrockneter Bergthymian (s. Seite 16)
1 Teelöffel Honig
2 Orangen (Sevillaorangen oder süße Orangen), in Scheiben geschnitten, zum Garnieren

MARINADE
4–5 Sevillaorangen (Bitterorangen)
oder 2–3 süße Orangen (unbehandelt) und 2 Zitronen
2 Eßlöffel Honig
2–3 Knoblauchzehen, fein gehackt
1 Teelöffel Bergthymian
½ Teelöffel Salz

Mindestens einen Tag vorher die Oliven mit kaltem Wasser abspülen und entsteinen. Das Fruchtfleisch zusammen mit einer Knoblauchzehe in einen Krug geben und mit *oúzo* bedecken.

Einen Tag zuvor das Schweinefleisch in eine Schüssel oder einen Teller aus Steingut legen. Mit einem Kartoffelschäler von 2 Orangen die Schale in Streifen abschneiden und beiseite legen. Die Orangen (und Zitronen, falls verwendet) auspressen, bis Sie 250 ml Saft haben. Den Saft mit allen anderen Marinade-Zutaten mischen und über das Fleisch gießen. Zugedeckt in den Kühlschrank stellen und den Braten mehrmals wenden.

Vor der Zubereitung das Schweinefleisch auf Zimmertemperatur bringen. Die zurückgelegte Orangenschale in dünne Streifchen schneiden und 5 Minuten in kochendem Wasser blanchieren. Abspülen und aufbewahren.

Das Fleisch aus der Marinade nehmen und trockentupfen. 2 Knoblauchzehen feinhacken, mit Salz, Thymian und Honig vermengen und in das Schweinefleisch einmassieren. Mit der Fettseite nach oben in eine Bratform legen.

In einem vorgeheizten Backofen bei 200° C 80–90 Minuten braten, etwa alle 10 Minuten mit Bratensaft begießen. Nach den ersten 45 Minuten die passierte Marinade in den Bratensaft geben und das Fleisch alle weiteren 10 Minuten damit begießen. In den letzten 10 Minuten mit dem *oúzo* begießen, in dem die Oliven eingelegt wurden. Das Schweinefleisch ist gar, wenn beim Einstechen klarer Saft austritt.

Das Fleisch auf eine Servierplatte legen und warm stellen. Das gesamte Fett in der Bratform abschöpfen, die feingeschnittene Orangenschale hineingeben und so lange kochen, bis sich die Flüssigkeit um die Hälfte verringert hat.

Das Schweinefleisch tranchieren und zurück auf die Servierplatte legen. Mit Orangen und abgetropften Oliven garnieren. Die Sauce separat reichen.

HIRINÓ ME KYTHÓNIA

SCHWEINEFLEISCH MIT QUITTEN

Quitten sind ein in Vergessenheit geratenes Obst, das es verdient, daß man sich seiner erinnert und es genießt. Obwohl Quitten einen herben Geschmack haben, den heutzutage viele Menschen als unangenehm empfinden, hat man sie früher sehr gerne roh gegessen. Pochiert, gebacken oder in Obsttörtchen und Pasteten schmecken sie herrlich, und ihr saurer Geschmack sorgt bei schweren Fleischgerichten für einen angenehmen Kontrast. Je länger man sie kocht, desto rosafarbener wird das Fleisch.

Spanferkel und Quitten erreichen zur gleichen Zeit ihre volle Reife. Beide zusammen im Schmortopf duften wie die Luft des Herbstes. Es lassen sich auch Birnen verwenden, doch wird das ganze Gericht dadurch süßer. In diesem Fall verringern Sie die Obstmenge auf 1 kg und die des Zuckers auf 25 g.

FÜR 6–7 PERSONEN

1 kg Schweinefleisch aus der Schulter oder Keule, in 2,5–4 cm große Würfel geschnitten
1 große milde Gemüsezwiebel, gehackt
4 Eßlöffel fruchtiges Olivenöl
½ Teelöffel frisch gemahlener Kreuzkümmel
½ Teelöffel frisch gemahlener Zimt
¼ Teelöffel Cayennepfeffer
¼ Teelöffel frisch gemahlener schwarzer Pfeffer
2 mittelgroße Stangen Lauch, geputzt, gewaschen und das Weiße in dünne Scheiben geschnitten
1,4 kg Quitten, geschält, entkernt und in Scheiben geschnitten
125 g Zucker
15 g glattblättrige Petersilie, fein gehackt
2 Eßlöffel feingehackter frischer Dill
½ dicker Bund Frühlingszwiebeln, das Weiße und das helle Grün gehackt

In einer für alle Zutaten ausreichend großen feuerfesten Kasserolle 2 Eßlöffel Olivenöl erhitzen. Die Zwiebeln sautieren, bis sie braun werden, dann mit Kreuzkümmel, Zimt, Cayennepfeffer und schwarzem Pfeffer bestreuen und eine Minute weiter braten.

Die Schweinefleischwürfel dazugeben und von allen Seiten gut braun sautieren. 250 ml Wasser zugießen und zugedeckt etwa eine Stunde leise köcheln lassen, falls nötig, mehr Wasser zugeben.

Inzwischen 2 Eßlöffel Öl in einem Topf erhitzen und den Lauch langsam glasig braten. Quitten zufügen und rühren, dabei etwas Wasser zugießen, falls das Obst haften bleibt. Mit dem Zucker bestreuen und karamelisieren lassen – etwa 20 Minuten. Wenn das Schweinefleisch 1½ Stunden geköchelt hat, die Quittenmischung zufügen und weiter köcheln lassen, bis das Fleisch und das Obst zart sind – noch etwa 30 Minuten.

Mit Petersilie, Dill und Frühlingszwiebeln garnieren und mit Reis oder Nudeln servieren.

SONNENBAD AUF PAROS *Schweine dösen in der Sonne.*

YOUVARLÁKIA

FLEISCHKLÖSSCHEN MIT REIS IN KNOBLAUCH-TOMATEN-SAUCE

Diese deftigen Fleischklößchen werden auf eine Art gewürzt, die für *soutzoukákia* (Smyrna-Würste) typisch ist.

Ergibt etwa 20 Stück

500 g Rinderhack
100 geriebene Zwiebel
3 Knoblauchzehen, fein gehackt
½ Teelöffel Oregano
1 Teelöffel gemahlener Kreuzkümmel
2 Eßlöffel feingehackte glattblättrige Petersilie
2 Eßlöffel feingehackte frische Minze
½ Teelöffel frisch gemahlener schwarzer Pfeffer
Salz
50 g Langkornreis
4 Eßlöffel fruchtiges Olivenöl

Tomatensauce
100 g Zwiebeln, fein gehackt
4 Knoblauchzehen, fein gehackt
½ Teelöffel frisch gemahlener Zimt
1 Eßlöffel Honig
1 kg Tomaten, gehäutet, entkernt und gehackt
Salz und frisch gemahlener schwarzer Pfeffer
125 ml Kräuterbrühe (s. Seite 37) oder Wasser
2 Eßlöffel feingehackte glattblättrige Petersilie
2 Eßlöffel feingehackte frische Minze
1 Eßlöffel feingehacktes frisches Basilikum

Das Rinderhack mit der geriebenen Zwiebel, Knoblauch, Oregano, Kreuzkümmel, Petersilie, Minze und Pfeffer in eine Schüssel geben und salzen. Den Reis waschen, anschließend in einer Schüssel mit kochendem Wasser überbrühen und 5 Minuten quellen lassen. Den Reis abgießen und zum Rindfleisch geben und alle Zutaten gut mischen. Zu kleinen Würstchen formen.

Das Öl in einer großen schweren Bratpfanne erhitzen und die Fleischklößchen darin braun braten. Herausnehmen und auf Küchenpapier abtropfen lassen.

Die Zwiebeln zu dem restlichen Öl in die Pfanne geben und bei milder Hitze glasig braten. Knoblauch, Zimt und Honig zufügen und unter Rühren karamelisieren lassen. Die Tomaten zugeben, würzen und etwa 15 Minuten köcheln lassen, bis die Sauce eingekocht ist. 125 ml Kräuterbrühe oder Wasser und die Fleischklößchen zugeben. Zugedeckt 30 Minuten köcheln lassen. Mit Kräutern bestreuen.

KOTÓPOULO ME SÝKA

HUHN MIT FEIGEN IN ROTWEIN

Dieses Gericht wird gewöhnlich in warmen Nächten im Garten serviert, wenn das Mondlicht durch die Mandelbäume scheint. Geistergeschichten passen ganz ausgezeichnet dazu.

Für 4 Personen

1,6 kg Huhn, gehäutet, ohne überschüssiges Fett und in Stücke geschnitten
1 Teelöffel frisch gemahlener Koriandersamen
¼ Teelöffel Cayennepfeffer
½ Teelöffel gemahlener Kreuzkümmel
½ Teelöffel gemahlener schwarzer Pfeffer
Salz
175 g Zwiebeln, in dünne Scheiben geschnitten
6–10 ganze Knoblauchzehen (nach Geschmack)
2 Lorbeerblätter
10 frische Feigen
250 ml mavrotháphne oder roter Portwein
geriebene Schale und Saft von 1 Zitrone (zum Abschmecken)
15 g glattblättrige Petersilie, fein gehackt

Die Geflügelstücke und Innereien in einer schweren Bratform verteilen. Mit den Gewürzen und Salz bestreuen und alles in das Fleisch einmassieren. Zwiebeln, Knoblauch, Lorbeerblätter und Feigen über und zwischen den Geflügelstücken verteilen, den Wein dazugießen und zudecken.

In einem vorgeheizten Backofen bei 180°C etwa 50 Minuten schmoren. Die Zitronenschale und den Saft einrühren und im Backofen weiter garen, bis das Fleisch fast von den Knochen fällt – weitere 10–15 Minuten. Wenn zuviel überschüssige Flüssigkeit im Topf ist, den Deckel nicht mehr aufsetzen. Mit Petersilie bestreuen und mit Safranreis (s. Seite 91) servieren.

Cafe auf Kreta *Gäste suchen Schutz vor der Sommersonne.*

Kotópoulo me Sýka *(übernächste Seiten)*

SÜSSE SPEISEN

Obst bildet in Griechenland traditionellerweise den Abschluß einer Mahlzeit, und im Laufe des Tages gibt es eine Fülle von Gelegenheiten, ein zartes Gebäck oder ein schmackhaftes Stück Kuchen zu genießen.

Portokália se Mavrotháphne *oben* (S. 125),
Achláthia sto Foúrno *links* (S. 125),
Rizógalo me Sáltsa Veríkoko *rechts* (S. 130)

Eines Tages, als ich in einer entlegenen Gegend auf Hydra spazierenging, sah ich neben dem dunkelgrünen Laubwerk eines wilden Johannisbrotbaumes einen ganz jungen Esel, der auf seinen spindeldürren Beinen heranwankte und mich mit seinen großen dunklen Augen aufforderte, ihn zu streicheln. Er war so munter wie mein kleiner Hund, mit dem er spielte. Ich ging weiter, gefolgt von der kleinen Promenadenmischung, dem jungen Esel und direkt hinterdrein seine Mutter und ein streunender Hund und eine neugierige Katze. Mir kam der Gedanke, daß nur noch eine Ziege fehlte, und die ökumenische Gruppe wäre komplett gewesen.

Die Glocken der kleinen Kirche hinter einer alten Steinruine läuteten eifrig, als eine Frau, der ich bis dahin nie begegnet war, die Arme voll mit Blumen, mir ein Zeichen gab. Die frisch getünchte Kirche war mit Fahnen und Blumen feierlich geschmückt, und eine fröhliche Menschenmenge hatte sich versammelt. Es war der Namenstag von Agios Nikolaos, dem Schutzpatron der Seefahrer, der kleinen Kinder und dieser Kapelle. Die Frau war aufgeregt, weil sie mich nicht kannte, denn es verheißt Glück, wenn Fremde bei der Namenstagsfeier einer Kirche zugegen sind. Ich fragte mich gerade, was sie wohl über mein Gefolge dachte, als der Dorfpriester auftauchte. Er segnete die Tiere und gab zu bedenken, daß es für sie in der Kirche doch zu eng würde.

Nach der Messe versammelten sich alle im *salóni*, dem Wohnzimmer der Frau mit den Blumen. Sie wohnte nebenan und war für die Kirche verantwortlich, die ihr Urgroßvater zum Dank für seine Errettung auf hoher See hatte erbauen lassen. Auf den Inseln gibt es viele Kapellen, die dem heiligen Nikolaus aus demselben Grund geweiht sind.

Entlang der Wände des *salóni* standen Stühle, und die Frauen saßen auf der einen Seite des Zimmers, die Männer auf der anderen. Kleine Kinder und der Priester liefen hin und her, während die Gastgeberin und ihre Schwestern Kaffee, süße Liköre, Weinbrand und Süßigkeiten servierten. Abgesehen von der reglementierten Sitzordnung herrschte eine wirklich unbeschwerte Heiterkeit. Die alkoholischen Getränke waren überwiegend aus Früchten oder Blüten hergestellt. Der Rosenblütenlikör war besonders beliebt; daneben gab es noch Kirsch- und Aprikosenlikör, der dem Priester gut zu schmecken schien. Es war kurz vor Weihnachten, also gab es *melomakárona*, Honiggebäck, und *kourambiéthes*, Buttermandelhörnchen, traditionelles Gebäck zu dieser Jahreszeit. Selbstgemachte *baklavá* sowie eine große Auswahl *glyka tou koutalioú*, ›Löffelsüßigkeiten‹, rundeten das Fest ab.

Löffelsüßigkeiten sind eine eigene Art von Süßspeise. Es handelt sich dabei um eingelegte Früchte, die in einem *glykothíki* serviert werden, einem eiförmigen Silber- oder Messinggefäß, an dem außen eine Reihe Löffel hängen. Wenn der *glykothíki* herumgereicht wird, erhält jeder Gast ein Glas kaltes Wasser. Er oder sie nimmt mit einem der Löffel etwas von der Süßigkeit, kostet sie und stellt den Löffel in das Glas, wodurch die Sirupreste das Wasser aromatisieren. Diese Löffelsüßigkeiten werden aus ganzen grünen Bitterorangen, reifen Bitterorangen, Quitten, Kürbis, unreifen Walnüssen, Auberginen und allen herkömmlichen Früchten zubereitet. Man nimmt in der Regel ganze Früchte oder mundgerechte Stücke Obst und legt sie in Zucker- oder Honigsirup ein. Auch stellt man aus den meisten Früchten süßen Sirup her und mischt ihn mit eiskaltem Wasser zu einem Erfrischungsgetränk. *Soumátha*, mit Mandelmilch zubereitet, wurde früher bei Verlobungsfeiern gereicht. Ich habe diese Köstlichkeit schon Griechen serviert, die sie noch nie zuvor probiert hatten, was sehr bedauerlich ist. Sie ist ein wahres Gedicht. *Visinátha* ist ein hellroter Sauerkirschsirup – bei Kindern sehr beliebt. Bei Pfirsichsirup könnten Sie in Verzückung geraten, und *aravosykosyrópi*, ein prickelnder Birnensirup, ist unglaublich erfrischend.

Nachbarschaftliche Besuche aus religiösen, gesellschaftlichen oder persönlichen Anlässen sind ein integraler Bestandteil des griechischen Lebens. Eingemachtes, Kuchen, Kekse, Sirup, Liköre und Kaffee sind für diese täglichen Rituale unentbehrlich und fest mit dem alltäglichen Leben auf den Inseln verflochten, denn einem Besucher wird immer irgend etwas angeboten. Die Zubereitung von Süßspeisen ist gewissermaßen selbst schon ein Ritual, denn ganze Scharen von Frauen verbringen Tage damit, gemeinsam Obst zu pflücken und zu konservieren oder besonderes Gebäck für Hochzeiten, Taufen und Namenstage zu backen. Selbstgemachte Süßspeisen werden selten nach dem Essen gereicht. Schon seit dem Altertum bevorzugt man zum Nachtisch frisches Obst, das es auf den Inseln in Hülle und Fülle gibt.

Achten Sie bitte bei den nachfolgenden Rezepten , die die Verwendung von Orangen- und Zitronenschalen beinhalten, darauf, ausschließlich ungespritzte und ungewachste Früchte (erhältlich in Bioläden oder Reformhäusern) zu kaufen, da die Schalen der normalerweise angebotenen Zitrusfrüchte nicht zum Verzehr geeignet sind.

ACHLÁTHIA STO FOÚRNO

BIRNEN IN SAMOSWEIN MIT ORANGENSCHALE UND PISTAZIEN

Die Birnen, die gewöhnlich auf diese Weise zubereitet werden, sind saftige, grüne, nach Moschus duftende Birnen namens *crystálli*. Da es von dieser vielseitigen Frucht auf der ganzen Welt unzählige Arten gibt, bleibt mir nur, Ihnen eine feste, grüne, aromatische Birne zu empfehlen.

Sie werden bestimmt in Geschäften mit orientalischen Spezialitäten oder in einigen Supermärkten geschälte, ungesalzene Pistazien finden. Wenn nicht, tauchen Sie die Pistazien 2 Minuten lang in kochendes Wasser und drücken Sie sie aus der Haut.

FÜR 6 PERSONEN

6 grüne Birnen, etwa 150–200 g das Stück
1 Zitrone
fein geriebene Schale von 1 Orange
50 g Zucker
75 g ungesalzene Pistazien, geschält und grob gehackt
250 ml Samoswein oder ein anderer Muskatellerwein

Die Birnen schälen, die Stiele dabei unversehrt lassen und über jede etwas Zitronensaft träufeln.

Die Orangenschale, den Zucker und die gehackten Pistazien in einer Schüssel mischen. Die Birnen dicht nebeneinander in eine Schüssel aus Ton oder feuerfestem Glas legen und die Pistazienmischung darüber streuen. Den Wein zugießen.

Die Schüssel mit einer Folie bedecken und im vorgeheizten Backofen bei 180° C etwa 30 Minuten garen oder so lange, bis sie weich sind. Aus dem Backofen nehmen und abkühlen lassen. Wenn Sie den Sirup gern dicker mögen, schütten Sie ihn in einen kleinen Topf und kochen ihn, bis er so weit reduziert ist, daß die gewünschte Konsistenz erreicht ist. Dann wieder über die Birnen gießen.

PORTOKÁLIA SE MAVROTHÁPHNE

ORANGEN IN ROTWEIN

Im Winter ist es in Griechenland draußen oft wärmer als im Haus. Wenn einem die kühle Feuchtigkeit aus den dicken Steinwänden und Fußböden bis an die Knochen dringt, sollte man einen Spaziergang machen. Wenn man zurückkommt, ist es Zeit für eine Tasse Tee am Kamin; dazu ein Teller mit diesen prachtvollen saftigen Orangen und eine Scheibe Landbrot, mit einem dicken Stück deftigem Ziegenkäse überbacken.

FÜR 6 PERSONEN

8 Navelorangen
125 g Zucker
450 ml mavrotháphne (s. Seite 17)
oder roter Portwein
1 Lorbeerblatt
1 Gewürznelke

Die Schale von 2 der Orangen mit einem Schälmesser entfernen oder mit einem Kartoffelschälmesser dünn abschälen, dann in sehr feine Streifchen schneiden. Mit einem sehr scharfen Messer die verbleibenden Hautschichten von allen Orangen entfernen, so daß Sie schließlich glänzende Kugeln aus goldenem Fruchtfleisch erhalten. Den Arbeitsgang erledigen Sie am besten über einer Schüssel, um austretenden Saft aufzufangen.

Einen Topf nehmen, der gerade groß genug ist, um 4 Orangen auf einmal zu fassen, und den ausgetretenen Saft und die restlichen Zutaten hineingeben. Den Zucker auflösen und 5 Minuten köcheln lassen. Jeweils 4 Orangen auf einmal eintauchen und so lange kochen, bis sie durchgewärmt sind – etwa 3 Minuten. Wenn sie auftauchen, beschweren Sie sie mit einer Untertasse. In eine Servierschüssel legen und mit den übrigen Orangen ebenso verfahren.

Den Sirup auf die Hälfte einkochen, über die Orangen träufeln und kühl stellen.

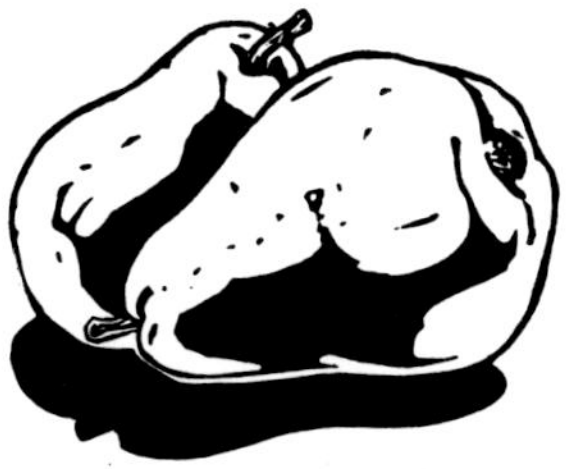

GRANÍTA ROTHÁKINO

PFIRSICHSORBET

Im Sommer serviere ich den ganzen Tag lang Fruchteis. Die Kinder und Erwachsenen mit einer Vorliebe für Süßes wissen nicht, daß sie einfach frisches Obst in leicht abgewandelter Form essen.

FÜR 8 PERSONEN

1–1,3 kg frische, fast überreife Pfirsiche oder Nektarinen
1 Orange
1 Teelöffel Cognac
2–4 Eßlöffel Kristallzucker
1/8 Teelöffel Rosenwasser (nach Wahl)

GRANÍTA ROTHÁKINO

Die Pfirsiche schälen und entsteinen. Das Fleisch in Stücke schneiden und im Mixer oder mit einer Gemüsemühle pürieren. Die Masse abmessen: Sie benötigen etwa 1,2 Liter Püree. 50 ml Orangensaft und den Cognac untermischen und nach Geschmack Zucker einrühren. Das Rosenwasser verleiht die orientalische Note.

Das pürierte Fruchtfleisch in einen Metallbehälter mit flachem Boden gießen und an die kälteste Stelle im Gefrierschrank oder -fach stellen. Alle 20–30 Minuten mit einer Gabel umrühren, damit die Eiskristalle, die sich an den Rändern bilden, aufbrechen. Wenn das Fruchteis hart ist, erneut in den Mixer geben, bis die Kristalle weich werden und aufbrechen. Servieren oder wieder ins Gefrierfach stellen, wo es nicht zu hart werden sollte, damit es immer gleich serviert werden kann.

GRANÍTA PEPÓNI

MELONENSORBET

Ganz Athen saß früher an Sommerabenden in Cafés, plauderte und ließ sich Eis der verschiedensten Sorten schmecken, die auf einer schier endlos langen Liste aufgeführt waren. Vor fünfzehn Jahren konnten wir in den Cafés auf unserer Insel zwischen zwei Geschmacksrichtungen wählen. Heute staunen meine Nachbarn, wenn ich ihnen eine köstliche *granita* anbiete, die längst in Vergessenheit geraten ist. Für mein Fruchteis verwende ich gern überreifes Obst, da es ein stärkeres Aroma hat.

Für 8–10 Personen

2–3 reife Honigmelonen oder andere Melonen, entkernt
1 Grapefruit (bei Melonen mit grünem Fruchtfleisch) oder
1 Orange (bei Melonen mit rosarotem Fruchtfleisch)
1 Teelöffel oúzo oder ein anderer Anisschnaps
1 Teelöffel (oder mehr) Zitronensaft
2–4 Eßlöffel feiner Kristallzucker

Das Fleisch der Melonen in große Stücke schneiden und in einem Mixer oder mit einer Gemüsemühle pürieren. Die Masse abmessen: Sie benötigen etwa 1,2 Liter Püree.

Die Grapefruit oder Orange auspressen und 50 ml Saft sowie den *oúzo* und Zitronensaft zum Melonenpüree geben. Falls nötig mit Zucker (und mehr Zitronensaft) abschmecken – beim Gefrieren wird das Aroma schwächer.

Alles zusammen in einen Metallbehälter (Metall leitet die Kälte besser) geben und an die kälteste Stelle im Gefrierfach stellen. Mit einer Gabel alle 20–30 Minuten umrühren, dabei die Kristalle am Rand aufbrechen. Wenn das Sorbet hart ist, erneut in den Mixer geben, aber nur so lange, bis die Eiskristalle aufbrechen, und servieren (oder wieder ins Gefrierfach stellen). Es sollte nicht wieder zu hart werden.

SÝKA STO FOÚRNO

GEBACKENE FEIGEN

Ich nenne die sommerlichen Hundstage der griechischen Inseln ›Feigentage‹, denn ich nutze sie, um Feigenschnaps, Feigenmarmelade, Feigenchutney, getrocknete Feigen, eingelegte Feigen, Feigenkuchen und Feigentörtchen zuzubereiten. Ich bitte sogar zufällige Besucher, für mich Feigen zu pflücken. Als ich Kiria Eleftheria ein paar Feigen brachte, erzählte sie mir, daß ihre Großmutter sie früher mit Sesamsamen und zerkleinerten *nerantzákia*, eingelegten grünen Bitterorangen, gebacken hat.

Ich serviere sie zum Frühstück, Tee oder Nachtisch, heiß oder kalt, mit Mandeln bestreut, und dazu reiche ich eine Schüssel dicken Joghurt. Im Kühlschrank halten sie sich 10 Tage.

Für 8 Personen

24 reife Feigen, Smyrna-Feigen
oder nach eigener Wahl
65 g blanchierte Mandeln, kleingeschnitten
oder gehackt
2 Eßlöffel Honig
fein geriebene Schale von 1 Zitrone und 1 Eßlöffel Saft
50 ml Cognac
2 Lorbeerblätter

Die blanchierten Mandeln auf ein Backblech verteilen und im vorgeheizten Backofen bei 150° C 7–10 Minuten leicht goldgelb rösten.

Die Feigen in eine Kasserolle aus feuerfestem Glas oder Ton geben. Den Honig, Zitronensaft und Cognac verquirlen und über die Feigen gießen. Die Feigen mit der Zitronenschale bestreuen und die Lorbeerblätter zwischen die Früchte legen. Zugedeckt in einem vorgeheizten Backofen bei 180° C 20–25 Minuten backen. Mit Mandeln bestreut servieren.

RIZÓGALO ME SÁLTSA VERÍKOKO

REISPUDDING MIT APRIKOSENSAUCE UND KANDIERTEN VEILCHEN

Pandias' Großmutter war ein Kind der *belle époque*; ihre Eltern nannten sie nach einer berühmten Kurtisane der Antike. Auf ihrem Bauernhof in Kifisia bepflanzte sie weite Flächen mit Veilchen, die farblich zu ihren Augen paßten. Stets trug sie ein frisches Sträußchen dieser Blumen bei sich; sie heftete sie an ihren Hut, streute sie über ihre Salate, garnierte die Servierplatten mit ihrer berühmten Waldschnepfe mit ganzen Sträußen, die sie tiefgefroren hatte, und kandierte sie, um Nachspeisen damit zu belegen. Hier Großmutter Aspasias *rizógalo*.

FÜR 4–6 PERSONEN

700 ml Milch
6 Blätter Verbene (Zitronenstrauch)
oder 2 Streifen Zitronenschale
2 Eßlöffel Rundkornreis
½ Teelöffel Stärkemehl, mit 2 Eßlöffeln Milch
zu einer Paste verrührt
etwa 2 Eßlöffel Zucker zum Abschmecken
kandierte Veilchen zum Dekorieren

SAUCE

6 frische Aprikosen, entsteint
2 Eßlöffel Zucker
6 Blätter Verbene oder 2 Streifen Zitronenschale
1 Tropfen Bittermandelöl

Einen Topf mit kaltem Wasser ausspülen, die Milch hineingießen. Die Verbenenblätter oder Zitronenschale und den Reis zufügen und bei sehr niedriger Hitze unter gelegentlichem Rühren kochen lassen. Wenn die Mischung köchelt, das aufgelöste Stärkemehl in den Reis geben.

Sobald der Pudding eindickt, häufiger umrühren. Wenn er die gewünschte Dicke erreicht hat, nach Geschmack Zucker zugeben, die Verbenenblätter oder Zitronenschale entfernen und den Pudding zum Abkühlen in einzelne Servierschüsselchen geben.

Für die Sauce die Aprikosen in einem Mixer pürieren. Den Zucker in 3 Eßlöffeln Wasser in einem Topf auflösen. Zusammen mit den Verbenenblättern oder der Zitronenschale 5 Minuten köcheln lassen. Die Blätter oder Schale herausnehmen, und die Flüssigkeit zusammen mit dem Bittermandelöl in das Aprikosenpüree einrühren. Abkühlen lassen.

Zum Servieren die Sauce über den Reispudding gießen und mit kandierten Veilchen bestreuen.

AMYGTHALOTÁ

MANDELKÜCHLEIN

Mein Bruder und meine Schwägerin heirateten an einem Sommerabend unter den Mandelbäumen, die mit kleinen Lampen behängt waren. Maria, die *koumbára*, das heißt ›verheiratete Brautführerin‹, teilte Hunderte von schönen birnenförmigen Mandelküchlein aus, die sie gemeinsam mit allen Frauen der Familie liebevoll zubereitet hatte.

ERGIBT ETWA 30 STÜCK

500 g ungeschälte Mandeln
250 g feiner Kristallzucker
15 g weiche Weißbrotkrumen
2 mittelgroße Eier
1 Teelöffel Orangenblüten- oder Rosenwasser sowie
zusätzlich etwas zum Besprühen oder Stippen
32 oder mehr Gewürznelken
Puderzucker zum Bestreuen

Die Mandeln 1–2 Minuten in kochendes Wasser tauchen, herausnehmen und schälen. Im Mixer zusammen mit 2 Eßlöffeln Zucker und den Brotkrumen fein mahlen.

Die Eier mit dem Orangenblüten- oder Rosenwasser verquirlen. Die Mischung zu den Mandeln geben und zusammen mit dem restlichen Zucker unterschlagen. Zu einer geschmeidigen Paste rühren.

Von diesem Teig jeweils etwa 1–2 Eßlöffel abstechen und zu kleinen ›Birnen‹ formen. Als Stiel eine Gewürznelke in jede ›Birne‹ stecken. Die ›Birnen‹ auf ein geöltes oder antihaftbeschichtetes Backblech legen und im vorgeheizten Backofen bei 150°C etwa 20 Minuten backen – bis sie etwas Farbe bekommen.

Nach einem alten Rezept stippt man sie nach dem Erkalten in Orangenblüten- oder Rosenwasser. Ich besprühe sie lieber leicht aus einer Sprühflasche und stäube anschließend etwas Puderzucker darüber.

BEMALTE FASSADE *Tomaten trocknen vor einer bemalten Hauswand in der Sonne.*

REVANÍ

GRIESSKUCHEN

Diese Nachspeise ist nach einem türkischen Dichter benannt, der im 16. Jahrhundert lebte. Mit Zitronensirup getränkt und mit Schlagsahne serviert, ist der Kuchen eine wahrlich sündhafte Leckerei.

ERGIBT 16 STÜCK

75 g Mehl
½ Teelöffel Backpulver
250 g feiner Grieß
4 mittelgroße Eier, getrennt
75 g feiner Kristallzucker
125 ml Olivenöl
fein geriebene Schale von 2 Zitronen
½ Teelöffel Bittermandelöl
2 Orangen für 125 ml Saft
1 Messerspitze Weinstein
50 g geschälte, kleingehackte Mandeln

SIRUP
175 g feiner Kristallzucker
Schale und Saft von 2 Zitronen
zwei Tropfen Bittermandelöl

Kochen Sie zunächst den Sirup. Dafür den Zucker, die Zitronenschale und den Saft sowie 350 ml Wasser in einem Topf vermischen. Zum Kochen bringen, 5 Minuten köcheln lassen und anschließend das Bittermandelöl zufügen. Über Nacht kalt stellen.

Eine 30 × 30 cm große und mindestens 7,5 cm tiefe Backform einfetten und dann mit Papier auslegen. Mehl und Backpulver zusammen sieben und den Grieß unterrühren. Das Eigelb, den Zucker, das Olivenöl, die Zitronenschale und das Bittermandelöl zu einer hellen, cremigen Masse schlagen. Die Mehlmischung unterrühren und etwas Orangensaft zum Befeuchten zugeben.

Eine Schüssel mit etwas Essig auswischen und Eiweiß und Weinstein hineingeben. Steif schlagen und unter die Teigmasse heben. Die Masse in die vorbereitete Form geben und mit den Mandeln bestreuen.

In einem vorgeheizten Backofen bei 180° C etwa 45 Minuten goldbraun backen. Den Kuchen aus dem Backofen nehmen und noch heiß in Quadrate schneiden. Langsam den erkalteten Sirup darüber gießen.

CHRISTÓPSOMO TIS KYRÍAS ZÍNIS

KIRIA ZINIS' WEIHNACHTSBROT

Einmal im Jahr füllt sich die Küche dieser reizenden Dame mit Teetassen, Weingläsern und Desserttellern (das sind ihre Meßbehälter) voller Früchte, Rosinen und aromatischer Substanzen, während sie das beste Weihnachtsbrot Griechenlands backt. Für das Rezept benötigen Sie unbedingt Grießmehl.

ERGIBT 3 GROSSE LAIBE

650 g Grießmehl
500 g feiner Kristallzucker
3 Eßlöffel frisch gemahlener Zimt
1 Eßlöffel frisch gemahlener Anissamen
1 Eßlöffel frisch gemahlener Koriandersamen
2 Teelöffel frisch gemahlene Gewürznelken
etwa 3 Orangen
etwa 6 Mandarinen
350 g Korinthen
175 g Sultaninen
250 ml mildes Olivenöl

VORTEIG
25 g Trockenhefe
125 ml warmes Wasser
650 g Mehl, zusätzlich Mehl zum Kneten

Bereiten Sie zunächst die aromatische Gewürzmischung vor. Dazu Grießmehl, Zucker, Zimt, Anis, Koriandersamen und Gewürznelken in einer Schüssel vermengen und die fein geriebene Schale der Orangen und Mandarinen zufügen. 300 ml gemischten Orangen- und Mandarinensaft auspressen. In der Hälfte des Safts die Korinthen und Sultaninen mindestens 1 Stunde möglichst über Nacht einweichen lassen. Den übrigen Saft mit dem Olivenöl in einen Topf geben und erhitzen, bis er fast kocht. Die Flüssigkeit in die Schüssel mit dem Mehl und der Gewürzmischung gießen und verrühren. Bis zur Verwendung zugedeckt über Nacht ruhen lassen.

Am nächsten Tag die Hefe mit ½ Teelöffel Zucker und dem warmen Wasser in einer Tasse verrühren. Das Mehl in eine Schüssel geben und in die Mitte eine Mulde drücken. Die Hefe hineingießen. Zusätzlich 150 ml Orangen- und Mandarinensaft auspressen, erwärmen und in die Schüssel geben. Zu einem geschmeidigen Teig verarbeiten, falls nötig etwas mehr Wasser und warmen Saft zufügen. Den Teig in eine eingefettete Schüssel geben, mit einem Tuch bedecken und an einem warmen Ort gehen lassen, bis sich das Volumen fast verdoppelt hat – etwa eine Stunde.

Den Teig kurz durchkneten. Die abgetropften Korinthen und Sultaninen mit dem Grießmehl und der Gewürzmischung vermengen und mit den Händen in den Teig einarbeiten. Den Teig auf eine mit Mehl bestreute Arbeitsfläche legen und 10 Minuten kneten, falls der Teig klebt, mehr Mehl zufügen.

Den Teig in drei gleich große Stücke teilen. 3 Brotbackformen von je 1,5 Liter Fassungsvermögen mit Öl einfetten. Jedes Stück so formen, daß es der Länge der Backform entspricht, und so hineinlegen, daß die Form bis in die Ecken gut ausgefüllt ist. Mit einem Tuch bedecken und an einem warmen Ort gehen lassen, bis sich das Volumen fast verdoppelt hat – eine weitere Stunde.

Im vorgeheizten Backofen bei 180° C etwa 1¼ Stunde backen. Die fertigen Brotlaibe sollten eine kräftig braune Farbe haben. Auf einem Brett auskühlen lassen. Das Brot hält sich gut 3 Wochen.

BOBÓTA

LÄNDLICHER MAISKUCHEN MIT KORINTHEN UND PINIENKERNEN

Der Name dieses Kuchens ist verknüpft mit den antiken eleusischen Riten der Korngöttin Krieter oder Baubo, so ihr Name, wenn sie in Gestalt einer alten Frau auftritt. Es ist ein einfacher, mit Sirup getränkter Landkuchen, den viele noch aus der Zeit während des Zweiten Weltkrieges kennen.

Sirup ist ein typischer Süßstoff in orientalischen Ländern. Wie mir griechische Fachleute erzählt haben, muß man entweder eiskalten Sirup über einen heißen Kuchen (die bevorzugte Methode) oder heißen Sirup über einen kalten Kuchen gießen, damit der Sirup aufgenommen werden kann.

Ergibt 16 Stück

100 g Korinthen
50 ml Cognac
400 g grobes Maismehl (Polenta)
100 g Mehl
1 Teelöffel Backpulver
1 Teelöffel Salz
125 ml mildes Olivenöl
4 Orangen, für 250 ml Saft
feingeriebene Schale von 2 Zitronen
2 mittelgroße Eier, getrennt
2 Eßlöffel Zucker
100 g Pinienkerne

Zitronensirup

feingeriebene Schale und Saft von 2 Zitronen
2 Eßlöffel Cognac
500 g Zucker

Bereiten Sie den Sirup am Vortag zu. Dazu die Zitronenschale und den Saft zusammen mit 125 ml Wasser in einen Topf geben. Den Zucker zufügen und langsam zum Kochen bringen, damit er sich auflöst, anschließend 10 Minuten kochen lassen. Über Nacht kalt stellen, dann 2 Eßlöffel Cognac einrühren. Die Korinthen über Nacht in 50 ml Cognac einweichen.

Das Maismehl mit dem Mehl, dem Backpulver und dem Salz zusammen in eine große Rührschüssel sieben. Das Olivenöl erhitzen, zu dem Mehl gießen und alles mit einem Holzlöffel gründlich vermischen.

In den Teig eine Mulde drücken. Die Orangenschale und 250 ml Orangensaft, das geschlagene Eigelb und 2 Eßlöffel Zucker zugeben und verrühren, dabei so viel warmes Wasser zufügen, daß eine dickliche, geschmeidige Teigmasse entsteht. Die Korinthen mit dem Cognac und den Pinienkernen so lange einrühren, bis alles gleichmäßig verteilt ist. Das Eiweiß steif schlagen und unter die Mischung heben. Die Masse in eine eingefettete, tiefe, etwa 25 × 20 cm große Backform geben.

Im vorgeheizten Backofen bei 180° C etwa 40–45 Minuten braun backen; beim Einstechen mit einer Gabel darf kein Teig haften bleiben. Den Kuchen ein paar Minuten abkühlen lassen und in 16 Scheiben oder rautenförmige Stücke schneiden. Eiskalten Sirup darüber gießen.

KARITHÓPITTA

WALNUSSKUCHEN

Dieser Kuchen ist im ganzen Orient verbreitet. In Griechenland behauptet man immer, er käme aus Athen. Gleich woher er stammt, er gehört zu meinen Lieblingskuchen.

FÜR 8 PERSONEN

350 g Walnüsse, sehr fein gehackt oder grob gemahlen
40 g Mehl
1 Eßlöffel frisch gemahlener Zimt
6 mittelgroße Eier, getrennt
250 g Orangenmarmelade mit Orangenstückchen, möglichst selbstgemacht
2 Eßlöffel Orangenblütenwasser

JOGHURT-ORANGENBLÜTEN-SAUCE
3 Eßlöffel Honig
2 Teelöffel Orangenblütenwasser
500 g dicker griechischer Joghurt

Die Walnüsse im Mixer vorsichtig mahlen, anschließend mit dem Mehl und dem Zimt vermischen. Die Eigelbe verquirlen, bis sie hell und cremig sind, dann die Nußmischung, die Orangenmarmelade und das Orangenblütenwasser unterschlagen.

Das Eiweiß steif schlagen. Etwas davon in die Nußmischung rühren, damit sie nicht so steif ist, dann das restliche Eiweiß mit einem großen Löffel vorsichtig unter die Nußmischung heben. Eine Backform von 20 cm Durchmesser einfetten, mehlen und die Mischung hineingeben.

Den Kuchen in einen auf 200° C vorgeheizten Backofen geben und die Hitze sofort auf 180° C herunterdrehen. 45–50 Minuten backen oder so lange, bis beim Einstechen in der Mitte kein Teig an der Gabel haften bleibt. Mit einem Messer am Rand entlangfahren. Den Kuchen in der Form 15 Minuten abkühlen lassen, dann aus der Form nehmen und auf einen Backrost stellen. Erkalten lassen.

Zur Zubereitung der Sauce den Honig und das Orangenblütenwasser mit einem Holzlöffel unter den Joghurt schlagen. Eine Schüssel mit dieser Sauce zum Kuchen reichen oder etwas Sauce auf jedes Stück gießen.

SCHWER BELADENER ESEL *Die engen gewundenen Gassen vieler Inselstädtchen und Dörfer machen einen motorisierten Transport unmöglich.*

ZVÍNGI

SÜSSE KRAPFEN

Pandias erinnert sich noch, daß Straßenverkäufer heiße *zvíngi* in Tüten aus Zeitungspapier verkauften, frisch aus den Töpfen mit siedendem Olivenöl, die sie auf ihren Handwagen mitführten. Sie sollten so schnell wie möglich gegessen werden – und das werden sie auch.

ERGIBT ETWA 24 STÜCK

2 Eßlöffel mildes Olivenöl
Salz
50 ml oúzo
225 g Mehl, falls nötig etwas mehr
4 mittelgroße Eier
feingeriebene Schale von 1 Zitrone
450 ml mildes Olivenöl zum Eintunken
Olivenöl zum Fritieren
75 g Mandeln oder Walnüsse, gehackt

SIRUP

100 g Honig
1 Stück Zimtrinde von 2,5 cm
1 Gewürznelke
Saft von 1 Zitrone

Zunächst den Sirup zubereiten. Dafür Honig, Zimt, die Gewürznelke und 250 ml Wasser in einen Topf geben und so lange kochen, bis die Flüssigkeit eine klebrige Konsistenz annimmt – etwa 5–6 Minuten. Den Zitronensaft zufügen und weitere 2–3 Minuten kochen lassen. Kalt stellen, wenn er beginnt einzudicken.

Zur Zubereitung des Krapfenteigs das Olivenöl mit Salz, *oúzo* und 125 ml Wasser zum Kochen bringen, dann von der Kochstelle nehmen. Die Hälfte des Mehls einrühren und zu einer dicken Teigmasse schlagen. Die Eier mit der geriebenen Zitronenschale schlagen und zusammen mit dem restlichen Mehl unter die Masse rühren.

Das Öl mindestens 4 cm tief in eine Friteuse oder einen Topf mit hohem Rand gießen und so lange erhitzen, bis die Oberfläche unruhig wird und das Öl knistert, wenn Sie einen Tropfen Wasser hineingeben.

Einen Löffel in kaltes Olivenöl tauchen, dann mit dem Löffel einen Eßlöffel Teigmasse herausnehmen. Den Teig mit einem zweiten Löffel oder dem Finger in das heiße Öl drücken. Die Krapfen sollten augenblicklich aufgehen, 3 oder 4 auf einmal hineingeben und goldgelb braten. Die Krapfen mit einem Schaumlöffel in der Reihenfolge herausnehmen, wie sie ins Öl gegeben wurden (anhand der Farbe beurteilen, ob sie fertig sind) und auf Küchenpapier abtropfen lassen. So weitermachen, bis die ganze Teigmasse aufgebraucht ist, die fertigen Krapfen währenddessen warm stellen.

Den erkalteten Sirup über die Krapfen gießen, solange sie noch heiß sind, und mit gehackten Mandeln bestreuen. Sofort servieren. Falls Sie zu viele zubereiten und nicht alle heiß servieren können, lassen Sie die überschüssigen abkühlen. Erhitzen Sie dann den Sirup und gießen Sie ihn darüber. Mit Mandeln bestreuen und kalt servieren.

MOUSTOKOÚLOURA

TRAUBENMOSTKRINGEL

Diese derben Kranzkekse sind noch aus der guten alten Zeit – sie machen satt und sind nicht ungesund. In Griechenland ißt man sie zu jeder Tageszeit mit Genuß, man tunkt sie in den Kaffee, oder die Kinder essen sie zwischendurch.

Petimézi, griechischer konzentrierter Traubenmostsirup, wird auch in Italien verwendet, wo er *vino cotto* heißt. Sie finden ihn unter diesem Namen bestimmt in jedem italienischen Delikatessengeschäft.

ERGIBT ETWA 24 STÜCK

500 g Mehl, zusätzlich etwas Mehl zum Kneten
2 Teelöffel Natron
1 Eßlöffel frisch gemahlener Zimt
1 Teelöffel frisch gemahlene Gewürznelke
50 ml mildes Olivenöl
2 Eßlöffel Honig
125 ml petimézi, griechischer Traubenmostsirup
(s. Seite 13)
oder vino cotto oder die gleiche Menge Honig
etwa 4 Orangen für 250 ml Saft
frisch geriebene Schale von ½ Orange

Das Mehl zusammen mit dem Natron, dem Zimt und der Gewürznelke in eine große Schüssel sieben und in die Mitte eine Mulde drücken. In einer kleineren Schüssel das Olivenöl mit dem Honig, dem *petimézi*, der geriebenen Orangenschale und 125 ml Orangensaft verquirlen und in die Mulde gießen. Zu einem Teig vermischen, falls nötig den restlichen Orangensaft zufügen.

Den Teig auf eine bemehlte Fläche geben und etwa 10 Minuten kneten, bis er geschmeidig, aber noch fest ist. Mit einem Tuch bedecken und 30 Minuten oder länger ruhen lassen.

Aus einer Menge von je etwa 2 Eßlöffeln Rollen von 1–2 cm Durchmesser formen, die Enden zu ovalen Kränzen zusammendrücken und auf ein eingefettetes oder antihaftbeschichtetes Backblech legen. In einem vorgeheizten Backofen bei 190° C 10–15 Minuten backen – bis sie knusprigbraun, aber nicht zu hart sind.

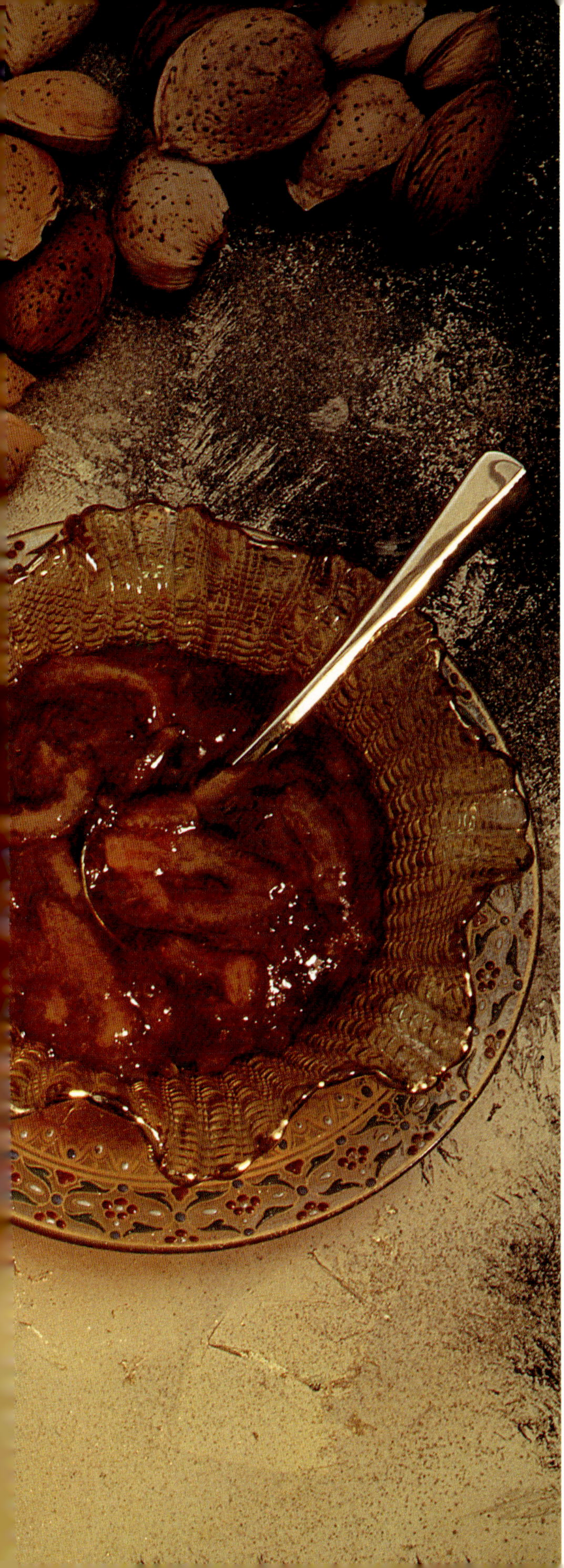

MARMELÁTHA ME LEMÓNIA

ZITRONENMARMELADE

Ende Januar, Anfang Februar, wenn die Zitronen leuchtend reif glänzen, sitze ich auf der Terrassenmauer und schneide kiloweise Zitronen in Scheiben; zwischendurch blicke ich auf die Hügel ringsherum, die in ein Meer von Mandelblüten getaucht sind.

Ergibt 2–2,5 Liter

2 kg große, frische Zitronen mit dicker Schale
1 Teelöffel Bergthymian (s. Seite 16)
½ Teelöffel frisch gepflückter Rosmarin
¼ Teelöffel frisch gepflückter Oregano (s. Seite 15)
2 Eßlöffel Rosenwasser
1,8 kg Zucker

Die Zitronen waschen und gut bürsten, wenn sie aus dem Supermarkt kommen und gewachst oder mit Silikon überzogen sind. Jede Zitrone der Länge nach vom Stielansatz bis zur Spitze halbieren und in möglichst dünne Scheiben schneiden. Die Kerne entfernen, aber aufbewahren.

Einen emaillierten oder rostfreien Stahltopf nehmen, der groß genug ist, um die Zitronen und den Zucker mit Wasser zu fassen; verwenden Sie keinen Aluminiumtopf, da sonst die Zitronensäure oxidieren und Ihre Marmelade grau werden könnte. Die Zitronenscheiben mit dem ausgetretenen Saft hineingeben.

Die Kerne und die Kräuter in einen Gazebeutel geben und zwischen die Scheiben legen. Mit 1 Eßlöffel Rosenwasser beträufeln und 350 ml Wasser zugeben. Über Nacht stehen lassen.

Am nächsten Tag den Saft und die Zitronenscheiben zum Kochen bringen, die Hitze herunterdrehen und 1 Stunde köcheln lassen. Den Zucker zufügen, bei niedriger Hitze rühren, bis er sich auflöst. Bei sehr niedriger Hitze etwa 2 Stunden köcheln lassen. Die Marmelade muß direkt unter der Oberfläche sichtbar brodeln. Sobald sie die gewünschte Festigkeit erreicht hat, den Topf von der Kochstelle nehmen und einen weiteren Eßlöffel Rosenwasser einrühren.

Die Marmelade in sterilisierte Einmachgläser geben und dicht verschließen.

Melomakárona Andonías *links (S. 138)*,
Marmelátha me Lemónia *rechts*

MELOMAKÁRONA ANDONÍAS

ANDONIAS HONIGKUCHEN

Diese Kuchen werden traditionsgemäß zu Weihnachten serviert. Dieses Rezept stammt von meiner Nachbarin Andonia. Ich sehe noch deutlich vor mir, wie sie mit Mittel- und Zeigefinger das Öl und den Zucker unter das Mehl schlug, bis sich der Zucker auflöste – statt der Finger kann man aber auch einen Löffel nehmen.

ERGIBT ETWA 4 DUTZEND

1 kg ungebleichtes Mehl,
zusätzlich etwas Mehl zum Kneten
1½ Teelöffel Natron
¼ Teelöffel Salz
400 ml mildes Olivenöl
250 g feiner Kristallzucker
125 ml Cognac, mavrotháphne-Wein
oder roter Portwein
fein geriebene Schale und Saft von 3 Orangen
4 Teelöffel frisch gemahlener Zimt
1½ Teelöffel frisch gemahlene Gewürznelke
¾ Teelöffel frisch geriebene Muskatnuß

SIRUP
500 g Honig
250 g Zucker
2,5 cm Zimtrinde
1 Gewürznelke
feingeriebene Schale und Saft von 1 Zitrone

GARNIERUNG
75 g Mandeln
1 Eßlöffel Zucker
1 Teelöffel frisch gemahlener Zimt

Zunächst den Sirup zubereiten. Dafür Honig, Zucker, Zimt, Gewürznelke und Zitronenschale in einen Topf geben und 250 ml Wasser dazugeben. Zum Kochen bringen und 5–10 Minuten köcheln lassen. Den Zitronensaft hineingeben und kalt stellen.

Die Mandeln zum Blanchieren 1–2 Minuten in kochendes Wasser tauchen, bis sich die Haut zu lösen beginnt. Die Mandeln abgießen, schälen und auf ein Backblech geben. In einem vorgeheizten Backofen bei 180° C etwa 10 Minuten rösten – bis sie allmählich Farbe annehmen.

Abkühlen lassen und sehr, sehr fein hacken – falls sie dazu einen Mixer verwenden, schalten sie ihn nur kurz ein, sonst werden sie vielleicht ölig. Die gemahlenen Mandeln mit Zucker und Zimt mischen und beiseite stellen.

Das Mehl mit Natron und Salz zusammensieben. Das Olivenöl und den Zucker in einer großen Schüssel vermengen – mit den Fingern wie Andonia oder mit einem Holzlöffel. Den Cognac, die Orangenschale, die Gewürze und den Saft von 2 Orangen – 125 ml – unterrühren.

Anschließend das Mehl löffelweise einarbeiten, bis ein geschmeidiger Teig entsteht; falls er zu weich ist, mehr Mehl, falls er zu fest ist, mehr Orangensaft zugeben. Den Teig auf eine mit Mehl bestreute Fläche legen und 10–15 Minuten kneten, bis er sehr geschmeidig ist.

Von dem Teig Portionen abtrennen, etwa 2 Eßlöffeln entsprechend, und zu flachen ovalen oder rautenförmigen Formen kneten. Diese auf ein eingefettetes oder antihaftbeschichtetes Backblech legen und im vorgeheizten Backofen bei 200–215° C etwa 20 Minuten braun backen.

Die Kuchen so weit abkühlen lassen, daß man sie weiterverarbeiten kann, und etwa 1 Minute lang in die Schüssel mit dem Sirup tunken. Die Kuchen mit einem Schaumlöffel herausnehmen, zum Auskühlen auf ein Tablett legen und mit den gehackten Mandeln bestreuen.

HONIGSAMMLER *Honig, das klassische Süßmittel des Altertums, ist in vielen Nachspeisen und Kuchen nach wie vor unerläßlich.*

PASTOKÝTHONO

QUITTENKONFEKT

Die besten Quitten der Welt stammten angeblich aus Kydon auf Kreta, daher der Name *kythóni*.

Dieses Konfekt wird im gesamten Mittelmeerraum zubereitet. Aromatisiert wird es mit Lindenblüten und Verbenenblättern, die man gewöhnlich zur Zubereitung von Kräutertees verwendet. Sie finden sie bestimmt in Tee- und Kräutergeschäften.

Wenn Sie den Sirup nicht ganz so dick einkochen, haben Sie eine herrliche Marmelade.

ERGIBT ETWA 30 STÜCK

3 Quitten à 400 g
etwa 500 g Birnen
1 kg feiner Kristallzucker, zusätzlicher Zucker zum Lagern
2 Zitronen für etwa 4 Eßlöffel Saft
40 g Mandeln, blanchiert und leicht geröstet
etwa 2 Eßlöffel Cognac (oder Williams Christ)

KRÄUTERAUFGUSS

1 Eßlöffel tílio, Lindenblüten
1 Eßlöffel luíza, Zitronenstrauch, oder Verbene – etwa 16 Blätter
6–8 Blätter arbaróriza, Blätter der Rosengeranie

Am Vortag aus Lindenblüten, Verbenenblättern und duftenden Geranienblättern einen kräftigen Aufguß zubereiten; dafür alle Zutaten in ein Glasgefäß mit 350 ml Wasser geben und das Gefäß den ganzen Tag in die Sonne stellen. Ersatzweise die Zutaten zusammen 15 Minuten köcheln lassen.

Die Quitten schälen, entkernen und in dicke Stücke schneiden, bis Sie etwa 1 kg Obst erhalten, und im Mixer pürieren. Die Birnen schälen, entkernen und klein schneiden, bis Sie 375 g erhalten, und ebenfalls pürieren.

In einem großen Topf mit schwerem Boden den Zukker mit dem Kräuteraufguß und dem Zitronensaft vermischen. Langsam den Zucker auflösen, anschließend 10 Minuten kochen lassen. Das Fruchtfleisch einrühren und wieder zum Kochen bringen.

Rühren und zugedeckt auf kleinster Flamme 2–3 Stunden köcheln lassen, bis das Obst gelbbraun bis dunkelrosarot wird. Gelegentlich rühren, damit auch nichts am Boden haften bleibt. Der Sirup sollte so weit eingekocht sein, daß er die Konsistenz eines dicken Breis hat. Wenn das nicht der Fall ist, den Deckel abnehmen und so lange weiter kochen, bis eine Furche entsteht, wenn man einen Löffel durch das Obst zieht. Achten Sie darauf, daß nichts am Boden anbrennt.

Das Fruchtfleisch in eine flache 30 × 30 cm große Backform gießen, etwa 1½ bis 2½ cm tief. Die gerösteten Mandeln in regelmäßigen Abständen hineindrücken. Mit einem sauberen Gazestück oder Musselin gut abdecken und 1 Woche in der Sonne stehen lassen. Alternativ die Speise bei niedrigster Hitze zum Trocknen in den Backofen stellen.

Die getrocknete Paste mit Cognac oder Williams Christ bepinseln, mit Zucker bestreuen und in Stücke schneiden. Zum Verschenken oder Aufbewahren verpakken Sie das Konfekt mit Lorbeerblättern und Butterbrotpapier zwischen den Lagen in eine Dose. Luftdicht verschlossen hält es sich etwa 6 Monate.

REGISTER

ABBILDUNGSNACHWEIS

Der Verlag dankt für die freundliche Erlaubnis zur Veröffentlichung der Fotografien in diesem Buch:
1 John Garrett/Insight; 2 La Maison de Marie Claire (Martin/Dodeman); 3 Guy Bouchet; 6–7 Antonio Girbes; 9 Agence Top/Pierre Putelat; 13 Explorer/Patrice Duchier; 17 Martin Breese/Retrograph Archive; 23 Christian Sarramon; 26–27 John Garrett/Insight; 28 Pictures Colour Library/Derek Richards; 35 John Heseltine; 39 Kim Penney; 44 John Garrett/ Insight; 48–49 Explorer/Paul Tatopoulos; 52–53 Robert Harding Picture Library/Lorraine Wilson; 55 Clay Perry; 58–59 Guy Bouchet; 64 Terry Harris; 70–71 John Heseltine; 75 Pix/Cornet; 80–81 Pix/Alan Téoulé; 82–83 Campagne, Campagne/Stanislas; 89 John Garrett/Insight; 92–93 Agence Top/Pierre Putelat; 95 Antonio Girbes; 102–103 John Heseltine; 105 Antonio Girbes; 109 Jean Pierre Godeaut; 110–111 John Heseltine; 112–113 Christian Sarramon; 117 John Miller; 120 Jean Pierre Godeaut; 128 Explorer/Guy Thouvenin; 131 Agence Top/ Christine Fleurent; 134 Pix/Cauchetier; 138–139 Terry Harris.

Die folgenden Aufnahmen wurden von Linda Burgess speziell für dieses Buch gemacht:
18–19; 19, 32–33, 36, 40–41, 41, 56, 60–61, 61, 66–67, 73, 76, 77, 87, 90–91, 98–99, 99, 114–115, 119, 122–123, 123, 126, 136–37.

Der Verlag dankt außerdem für die Unterstützung bei der Herstellung von Fotoaufnahmen:
Heals, 196 Tottenham Court Road, London W 1; Designer Trading, 573 King's Road, London SW6; The Greek Shop, 6 Newburgh Street, London W 1; Despo und George Kouloumas.

LITERATUR

Das Apicius-Kochbuch aus der römischen Kaiserzeit, Richter, München, 1985;
Christidis, Doris, u. J. Gaitanides, *Aus griechischen Küchen,* BLV, München, 1988²;
David, Elizabeth, *A Book of Mediterranean Food,* Penguin Books 1973. (Kenntnisreich und voller Begeisterung stellte Elizabeth David die Küche der Mittelmeerländer zu einer Zeit vor, als sie noch wie die eines fernen Planeten erschien. Mrs. David ist die Patin der heutigen Mittelmeer-Kochbücher.);
Diakidis-Mark, Theonie, *Griechische Inselküche,* Prestel, München, 1977;
Dok, Netti van, *Griechische Küche,* Gondrom, Bindlach, 1988;
Donhauser, Rosemarie, *Griechische Küche,* Compact, München, 1990;
Eckhardt, Klaus, u. L. Machauer, *100 griechische Gerichte,* Hayit, Köln, 1988;
Frohne-Christidis, Doris, u. E. Döpp, *Griechisch kochen,* Gräfe und Unzer, München, 1988;
Gööck, Roland, *Kulinarische Weltreise,* Mira, Künzelsau, 1985;
Howe, Robin, *Greek Cooking,* Mayflower Books Ltd., 1973;
Kitsakis, Elisabeth, *Zu Gast in Griechenland,* Kunstverlag Weingarten, 1986;
Rob, Gerda, *Ein kulinarisches Rendezvous mit Griechenland,* Mira, Künzelsau, 1990;
Roden, Claudia, *Die Küche des Vorderen Orients,* Heyne, München, 1982
Stavroulakis, Nicholas, *Cooking of the Jews of Greece,* Lycabettus Press, Athen, 1986. (Der Autor ist Kustos des Jüdischen Museums in Athen und sammelte die Rezepte von alten Leuten in ganz Griechenland. Es ist das interessanteste und anregendste griechische Kochbuch, das ich kennengelernt habe.)